平凡社新書
1019

総合商社とはなにか

最強のビジネス創造企業

猿島弘士
SARUSHIMA HIROSHI

HEIBONSHA

総合商社とはなにか●目次

第三章　そもそも総合商社とはなんなのか……89

序章　総合商社とその魅力

本書について

総合商社とは、ビジネスを創造する企業です。それはビジネスモデルを創り出すことであり、中心になるのは、ビジネスモデルの重要な構成要素であるビジネスシステムを創り出すことなのです。本書はこれを理解してもらうことを、第一の目的にしています。そして、こうした機能を果たしている総合商社が、今後のわが国にとって必要であり、若者たちが目指す場として好適であることを説明することが、第二の目的になります。

以下、本書の構成について、簡単に紹介します。

第一章と第二章では、総論的に総合商社について説明します。

第三章では、最初に、総合商社が社会経済の注目を集める存在であるにもかかわらず、なぜその実態が十分理解されていないのかを検討します。ここでカギになるのは、「商《しょう》」あるいは「商取引」の概念が与えてきた影響です。さらに、総合商社の収益構造が、過去の商取引を中心にするものから、現在は投資に比重を置くものに変化してきたことを説明します。続いて、総合商社自身のビジネスモデル（それを本書では「企業システム」と呼びます）を定義します。

ここでビジネスモデルとは、ビジネスの仕組みです。ビジネスモデルは、ビジネスシステム（ビジネス自身の実際の仕組み）と収益モデル（収益を上げるためのお金の流れの形式）から構成されています。そして、総合商社の企業システムは、パートナーとなる企業（顧客企業とも呼びます）と一体になって、彼らのために新しいビジネスモデル、なかでもその重要な構成要素であるビジネスシステムを創ることに重点を置いています。

第四章では、まず、最先端マーケティング理論を理解してもらうために、その前提となっている経済のサービス化を説明します。

その上で、ビジネスを考えるにあたって広く知られている4Pを中心とした伝統的なマーケティング理論と、最近注目を集めている、サービスに重点を置く新しい理論（S‐DロジックとSロジック）について、簡単に解説します。そしてこれらの新しい理論の延長にある価値共創マーケティング論と、組織（企業）間関係の理論をもとにして構築されたのが、機能の本質を解明するための枠組みである「総合商社の企業システム・モデル」です。この理論的な枠組みを用いて総合商社を見れば、機能の本質がビジネス創造であることをはっきりと認識できます。その論理を理解してもらうことが、本書の第一の目的なのです。

第五章では、最初に、停滞する日本経済の現状について解説します。そして、総合商社は「ヌエ」にたとえられる存在でありながら、そのような様々に見える得体の知れない自らの姿は変えても、機能の本質を変えなかったからこそ、生き残ってきたのであることを示します。

さらに、マネーゲームの時代が収束に向かう可能性があり、世界が大きく変わりつつあるいま、総合商社が、これからの日本経済の維持・発展を支える存在になりうることを述べます。

終章では、本書で記述した内容をまとめて、今後の総合商社の姿を描き、若者たちに目指す場としてほしいことを示します。本書の第二の目的です。

総合商社を理解するために

わが国の社会経済の状況については、以前から、人口減少や企業活動の低迷などの問題がありました。これからのわが国が経済的な豊かさを維持して少しでも発展していくためには、企業がグローバルな展開を強めることが必須です。そのためには、新しくグローバルに通用するビジネスを創り出していくしかありません。

こうした課題が明確であったところに、近年の新型コロナウイルス感染症の流行、米中対立の深刻化が加わり、ロシアによるウクライナ侵攻が続きました。世界中の社会経済に大きな影響を与えるできごとが次々に起こっており、この先どうなるのかも不透明です。

この書籍を執筆している段階では、グローバル経済の構造が大きく変わった、としか言えません。

しかし、社会経済に大きな変動がある時こそ、総合商社の出番なのではないか、そう思っています。歴史的にわが国に大きな変動があった時、たとえば明治維新あるいは第二次世界大戦（太平洋戦争）の後、グローバル化の尖兵として経済発展に貢献してきたのは、総合商社なのです。

ただし、この業態がなにをしているのかについて、一般社会から十分な理解を得ているとは思えません。すべてが著名企業であるにもかかわらず、外部からよく理解されていないように見えます。それには色々な理由があるようです。

海外には総合商社のような業態がないこと、商取引を行っている主体であるという見方が強すぎること、あまりにも幅広い商品・サービスを取り扱っていること、きわめて多彩な機能を提供していることなど。本書では、「ヌエ」のような存在として表現しています。また、コングロマリット*という企業の分類がありますが、総合商社もその一種だとされており、一見関連性のない多種多様な事業を展開していることが、本当の姿を見えにくくしているようです。

この分かりにくさは、総合商社で働こうと志望している若者たち、あるいは取引をともにしようと考えている人たちにとっても同様なのではないか、と考えています。

それでは、この業態の真の働きあるいは本質的な機能を理解するためにはなにが足りないのか。おそらく、この複雑怪奇とも思える業態の姿を分かりやすく説明するための、理論的な枠組みがなかったからなのではないか、そう考えるようになりました。そこで、新しい理論に基づく企業の見方を導入することによって、総合商社の機能の本質を明確な形で描き出すことを目指したのです。その結果が、本書です。

なお、総合商社に関するビジネス書、雑誌の記事、学術研究による専門書や論文など、文献の蓄積は膨大です。本書でもその一部を紹介しており、参考文献リストに挙げています。しかし、学術の専門書ではないので限られた文献しか掲載しておりません。

個人的には、多くの文献、特に専門書や学術論文などの内容が一般の読者にとって分かりやすいとは言えないのではないか、と思っていました。そこで本書を通じて、蓄積されてきた学術研究の真髄を、理解しやすい形で伝えることも目指します。

筆者は、若いころ総合商社に勤務していました。ビジネスパーソンとしての基礎は、そこで叩き込まれたように感じています。本書のなかで紹介しますが、総合商社の人材育成プログラムは充実しています。筆者も色々と学ぶことができました。心からの感謝しかありません。残念ながら、早くに総合商社を離れてしまったのですが、その時に受けた基礎訓練のおかげで、経営戦略コンサルティングを中心に、厳しいビジネスの世界を生き抜くことができました。いまは過去の実務経験などをもとに、大学院で深く学んだ最先端のマーケティング理論も用いて、企業の行動を分析しアドバイスして貢献することを使命としています。その使命を果たすための第一弾として、かつて勤務し大変お世話になった総合商社の機能の本質を明らかにする書籍を世に問うことを決めました。

総合商社でキャリア開発の基礎を作ってもらえたことは、本当にありがたいことでした。しかしその後のキャリアを通じて、総合商社とはなんなのだろうという疑問を持ち続けていたことも事実です。総合商社の本質的な機能、他の企業では実現できない独自の働きとはなんだろう、その点を突き詰めてみたいと考えていたのです。ちょうど「商社冬の時代」と言われた時期に、総合商社の第一線現場で働いていたことも、こうした疑問の背景にありました。

そしてある時、近年欧米を中心に研究が進み精緻化されてきたサービス・マーケティングに関する理論と、組織（企業）間関係の理論を用いれば、総合商社の機能の本質を分かりやすく整理できる、そのことに気づきました。こうして、本書を執筆したのです。

本書を手に取ってほしい人たち

将来総合商社で活躍しようと考えている、大学生・大学院生の人たちに、総合商社とはなんなのかを理解してもらいたい、そう考えています。

さらに近年は、総合商社の新しい人材として、大学・大学院を卒業・修了したばかりの人たちだけでなく、中途採用によるミドルの転職者も増えています。そこで、すでに社会人として実績のある人たちにとっても、総合商社への転職を検討する際の参考になる知識を共有できれば、という思いもあります。

また、本書で説明するように、総合商社の活動は、ほぼすべての場合、パートナー企業と「組んで」あるいは「連携して」展開されます。つまり、総合商社は企業間の関係を核にして、事業を展開する存在なのです。したがって、総合商社とともに仕事をする企業のビジネスパーソンにも、総合商社とはなんであるのかを十分理解した上で、一体になってビジネスを創造する活動を進めていただきたい、そう考えています。

このように、色々な人たちに、総合商社の真の魅力をよく理解した上で、この業態を志望し実際に入社して活躍したり、あるいはともに取引を進めたりして、日本経済の維持・発展に貢献してもらいたいと願っているのです。

そのことによって、総合商社がさらに企業としてのビジネスの創造能力を高め、社会経済に大きく貢献できるようになるとすれば、素晴らしいことです。

要約すると、総合商社とは

本書では、総合商社がビジネスを創造する企業であることを強調します。「そんなことはあたり前。ビジネスを創るのは企業の使命で、どんな会社でも日夜、新しいなにかを生み出そうとして苦闘していますよ。総合商社だけじゃないでしょう」と言われそうです。その通りなのです。

それでは、総合商社がビジネスを創造するという場合、それは一般の製造企業（メーカー）、小売企業などの活動とどう違うのか。そのあたりを本書で明らかにして、この業態の魅力を説明していきます。

総合商社は、創造したビジネスモデルの実行を通じて、総合商社自身の収益モデルを稼働させて、売上高や利益を上げます。総合商社の収益モデルは、歴史的に、商取引つまり商品やサービスの売買をする活動によっていました。しかし二〇〇〇年ころから、投資によって利益を上げる収益モデルも積極的に稼働させるようになり、いまは主としてこれら二つの収益モデルを動かしているのです。ただし重要なのは、かつて商取引を中心に利益を上げていたころも、投資による利益が重要になったいまも、総合商社の機能の本質がビジネスモデル、特にそのなかのビジネスシステムを創ることである点なのです。

現在、一般に総合商社とされる企業は七社あり、すべて巨大な企業グループを形成しています。この七社全体の直近の財務状況を見ると、二〇二一年（令和三）度（二二年三月期）は、全社そろって過去最高益を達成しています。本書の執筆を構想している段階では、考えられなかったことです。それこそ、「これからは総合商社の時代だ！」などと言いたくなるような好業績です。

もちろん、本書が世に出るころ、ウクライナ情勢や世界の景気がどのようになっているのかは、神のみぞ知るです。ただし、四〜九月期決算の際の二二年度通期業績予想は、ほぼ全社で二一年度から大幅な上方修正となっており、好調を維持しています。

なお第二章では、七つの総合商社の紹介を、二一年度の業績順（親会社の所有者に帰属する連結当期純利益*の大きさの順）に行います。それぞれの総合商社の特色を理解してもらうためです。ただし本書はあくまでも、総合商社が持っている本質的な機能とはなんであるのかを、分かりやすく伝えることを目指しています。各社に関する詳しい情報は、ホームページ、マスメディアの記事やほかの出版物などに譲りたいと思います。ちなみに、総合商社はいつもマスメディアに注目される存在であるため、しばしば、ビジネス誌の特集記事になりますので、そうした雑誌の記事を読むと直近の状況が分かるはずです。

さらに詳しく知りたい人へ

本書の内容の多くは、関連する専門書である『総合商社の本質――「価値創造」時代のビジネスモデルを探る』（垰本一雄著、白桃書房、二〇一八年）を参考にしています。マーケティングの理論については、主として『価値共創とマーケティング論』（村松潤一編著、同文舘出版、二〇一五年）をもとにしています。

また同時に、三井物産に三〇年間勤務して数多くのビジネスを創り上げた後、ソニーグループのＳＳＡＰ*（Sony Startup Acceleration Program）で活躍していた小林敬幸の著書、『ふしぎな総合商社』（講談社、二〇一七年）も参考にしています。この書籍は、筆者の主観も交えて言えば、総合商社について書かれた書籍のなかでは、「総合商社とはなにか」をおそらくもっともよく、しかも詳細に解説しているものです。総合商社で働くことを目指す方、取引をともにされる方には、一読をお勧めします。

その他、特に明示しない場合でも、総合商社の業界団体である日本貿易会の研究事業の成果をまとめた『総合商社の研究』（田中隆之著、東洋経済新報社、二〇一二年）などの関連書籍、あるいは総合商社について書かれた学術論文なども参考にしています。ここで、そうした書籍や論文などを執筆された方々には、ご尽力に対して感謝申し上げます。

なお本書で取り上げる各社の財務実績、あるいは様々な統計データなどは、必要に応じできるだけ最新のものとしております。しかし出版物であるため、すべてを最新データで記述することが困難であることはご理解いただきたい。特に決算データについては、基本的に二〇二一年度（二二年三月期）決算の数値を中心に、新たに公開されたものを付加するにとどまります。

さらに、本書を刊行することが決まってから、ロシアによるウクライナ侵攻が始まり、同時に世界中でインフレ傾向が明らかになるなど、グローバルの社会経済が急激に変化しています。出版物の限界として、そうした動きの最新情報すべてを取り込むことが難しいこともご理解いただければと思います。

なお、この章を含む各章で「＊」をつけた言葉は、巻末の用語集で解説している用語になりますので、そちらも参照してください。また、本文中では敬称を省略しております。

第一章　総合商社の歴史といま

一　総合商社七社の現在

一般に総合商社と呼ばれている企業は、七社あります。二〇〇六年（平成一八）に、総合商社として長い歴史を持つトーメンが豊田通商に吸収合併されたことから、豊田通商が総合商社の一角になりました。豊田通商はトーメンと合体することによって、自動車分野以外へも本格的に事業を拡大し、総合商社とみなされるようになったわけです。

マスメディアなどでは、いわゆる財閥系の三菱商事、三井物産、住友商事に、非財閥系と言われる伊藤忠商事と丸紅をあわせて、大手総合商社五社と表現しています。いまはその五社に、豊田通商と双日《そうじつ》を加えた七社が、総合商社と呼ばれているのです。

どの企業が総合商社とされるのかについて、明確な決まりはありません。歴史的に、総合商社一〇社などと表現される時代があったように、ビジネス、マスメディアや学会などの世界において、認められてきたものと考えられます。いまのマスメディアなどの取り上げ方を見ると、商社のなかでも「大手商社」とは総合商社七社を指しているようですので、大手であることつまり「規模が大きい」ことが一つの指標になっています。また貿易商社と貿易団体を中心とする業界団体である日本貿易会の会長・副会長は、この七社から出ていますし、同会が発表する決算数値もこの七社のものが中心です。大手商社とされる七社が総合商社であるということが、一般の理解になっています。

　第三章で、一般の共通認識になっていると思われる、総合商社の特徴を示しています。一九九〇年代に入りバブル期の不動産投資の失敗などにより経営不振に陥った兼松《かねまつ》（六七年に兼松と江商《ごうしょう》が合併してできた総合商社の兼松江商が九〇年に商号変更）が、取引銀行に債務免除を要請した際、祖業であった繊維、さらに鉄鋼・建設などの不採算部門から撤退することを求められました。この時、半導体・情報通信・食品分野中心に事業を絞り込んだため、「総合商社の看板を下ろした」、つまり専門商社になった、と表現されました（九九年）。やはり、取扱商品・サービスが多種類にわたり規模が大きい、あるいは事業領域に制限がないという点が、重要なのでしょう。

　総合商社七社の二〇二一年度の業績は、資源・エネルギーなどの価格高騰や円安の追い風を受けて、空前の好決算となりました。七社がすべて過去最高の連結当期純利益*（親会社の所有者に帰属するもの、以下単に「純利益」と呼ぶこともあります）を達成したのです。元来、世界的に脱炭素化の動きを受けて、石油や天然ガス、金属資源への投資が抑制的になっていたところに新型コロナの影響があり、さらにウクライナ侵攻が起こって、資源・商品の供給不安などから価格が高騰したことが、大きな要因です。

総合商社７社の株価・純利益など

	2021年度 期末株価 (円)	2021年度 期末時価総額 (10億円)	連結当期純利益(10億円)				
			2020 年度	2021年度 金額と増減		2022年度予想 金額と増減	
三菱商事	4,601	6,794	173	938	5.4倍	1,030	9.9%
三井物産	3,328	5,328	335	915	2.7倍	980	7.1%
伊藤忠商事	4,144	6,090	401	820	2.0倍	800	△2.5%
住友商事	2,119	2,649	△153	464	黒字転換	550	18.6%
丸紅	1,426	2,456	223	424	1.9倍	510	20.2%
豊田通商	5,060	1,780	135	222	1.7倍	270	21.5%
双日	2,017	466	27	82	3.0倍	110	33.6%

出所：各社有価証券報告書など。
注1：2021年度期末は2022年３月31日。2022年度予想は第２四半期決算の時点。
注2：株価は期末終値。
注3：時価総額＝期末終値×(期末発行済株式数－期末自己株式数)。
注4：連結当期純利益は親会社所有者に帰属するもの。

なかでも上位三社（三菱商事、三井物産と伊藤忠商事）は、すべて純利益が八〇〇〇億円を超えて、近年の業績から考えると、絶好調になっているという印象です。前年度は、伊藤忠商事が純利益・株価・時価総額のすべてで業界首位となり、「三冠王」と言われましたが、今回は三菱商事が三冠王となりました。そして、三菱商事の二二年度の純利益予想金額は初の一兆円台となっています。なお、二一年度に日本企業で純利益一兆円超えを達成しているのは、トヨタ自動車、ＮＴＴなど四社のみです。

また以前から総合商社の事業展開については、三菱商事と三井物産を中心に、資源・エネルギーの比重が過大であるという点が指摘されており、非資源ナンバーワンを標榜する伊藤忠商事を筆頭に、各社が非資源分野の強化に力を入れてきました。今後はその動きを加速することになるでしょう。

もちろん、世界的なインフレの過熱傾向から、それに対応するための各国中央銀行の利上げなどによる景気停滞の懸念があり、不透明感は増しています。新型コロナ流行の影響や脱炭素化の加速があったところに、グローバルなサプライチェーン*の混乱に伴う供給制約などもあり、懸念材料は多面的です。総合商社の二一年度決算については、心配されたロシアによるウクライナ侵攻の影響は大きくありませんでしたが、二二年度にも引き続きマイナスの影響を計上しています。ただし、四~九月期決算発表時の二二年度通期の純利益予想金額は、ほぼ全社で好調を維持しており、今後の動向が注目されます。

本書で総合商社のビジネスモデルつまり企業システム（特に収益モデル）の変化について説明しますが、今回の決算を見ても、近年の総合商社の利益構造の変化は明確です。七社の決算の平均値を見ると、投資による利益（ここでは受取配当金＋持分法投資損益*）が三〇〇四億円と、かつての収益モデルの中心だった商取引（トレーディング）による営業利益四〇三八億円の七割以上になりました。二〇〇〇年代に入ってからの収益構造の変化は定着したと言えます（年度ごとに変動の大きい有価証券損益*を加えると、投資関連の利益の比率はさらにふくらみます）。

なお、いま総合商社本社では、商取引は大きな利益貢献をしていません。親会社としての総合商社の個別決算を見ると、多くの場合、営業損失になっています。

二　総合商社の歴史①——明治時代から太平洋戦争終結後まで

太平洋戦争の前、「総合商社」という言葉はありませんでしたが、実質的にそれと呼べる存在はありました。総合商社という言葉が定着するのは、戦後になってからです。

最初の総合商社とされている三井物産は、一八七六年（明治九）、長い鎖国後の開国で、外国商人に牛耳られていた貿易の権利をわが国に回復するために、江戸時代から続く豪商である三井家によって設立されました。ただし、その当時の三井物産は、資本金を持たず、三井銀行との間に五万円の借越契約*を結んで運転資金に利用するだけでした。他人の依頼を受けて商品を売買して手数料を得る、実質的にリスクの小さい「コムミッション・ビジネス*」をするための組織として設立されたからだと、創業者の益田孝は語っています（長井［1989］一一九頁）。

三井物産は明治政府と連携しつつ、鉱山業や繊維産業と結びついて、三池炭鉱などの石炭や生糸・綿糸布の輸出、原料棉花・繊維機械の輸入などのコミッション商売を展開しました。その上で、自らリスクを取る見込み商売*（売り越し・買い越し）も進め、取扱品目を増やします。多くの貿易商社が消え去るか、総合化することなく独自路線で発展する道を選ぶなか、現代の意味でいう総合商社に発展していったのです。一八九〇年代末には日本の総輸出入額の一〇%超、一九〇〇年代後半には二〇%前後を取り扱っており、一九〇七年ころまでに、総合商社として定着したとされています。明治の産業革命を、貿易の面から支えた立役者です。総合商社として圧倒的な競争優位性を確立していました。

しかし三井物産も、その後、第一次世界大戦期の商社間競争の激化を受けて、優位性を後退させていきます。一九一七年（大正六）には、神戸の貿易商から発展した鈴木商店が最大の総合商社となりました。ただし鈴木商店は、米騒動の際の買い占め批判に関連する焼き打ちなどの後、二七年（昭和二）に経営破綻しています。当時、高収益部門とされていた鉱山業と銀行業を欠いて産業的・金融的基盤が脆弱であった上に、第一次世界大戦後の恐慌のあおりを受けたのです。

三菱商事は、一九一八年に、三菱合資営業部の分離独立により、資本金一五〇〇万円で設立されました。その後、鉄鋼製品、機械、食品などの取引を進めて、着実に規模を拡大させます。三〇年代に商品の取扱高*を急増し、太平洋戦争末期には三井物産の六割以上にあたる取扱高を上げて、総合商社として第二位の地位を確立していました。なお三四年に行動指針として制定された三綱領「所期奉公、処事光明、立業貿易」は、現在も三菱商事さらに三菱グループ各社において企業理念として明記されています。

三菱商事の取扱高の対三井物産比率

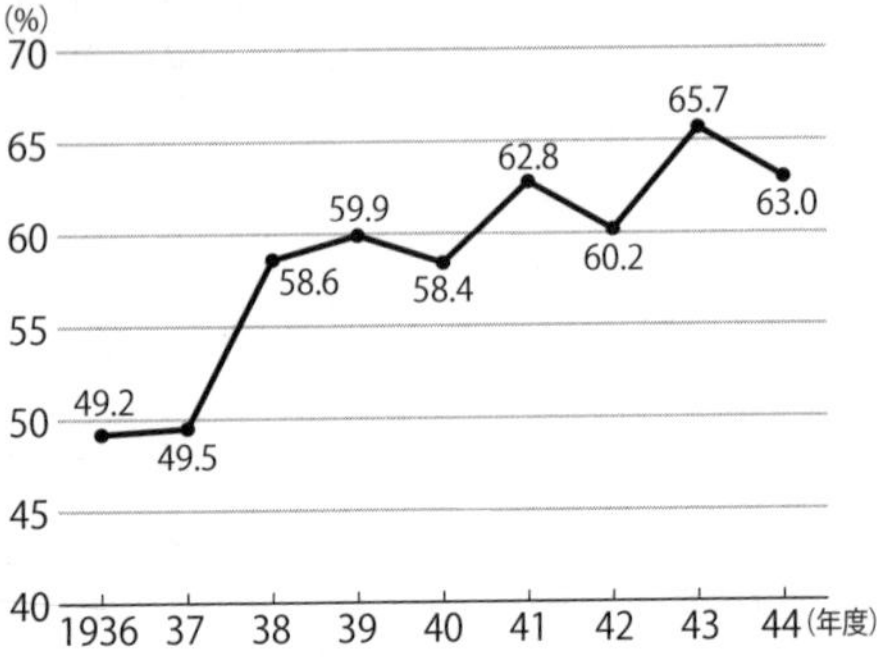

出所：大森ほか[2011]135頁「表5-3　三井物産の業績の推移(1936-1944年)」をもとに筆者作成。

企業文化を反映して、部店独立採算制で大きな現場裁量権を与えていた三井物産は「人の三井」、商品本部制で組織の指揮命令系統が強い三菱商事は「組織の三菱」と呼ばれました。

昭和の戦時体制期に入り、この二社は総力戦を支えました。終戦時に総合商社といえる存在であったのは二社のみで、それが戦後、徹底的に解体される遠因になったとされています。

なお、この時代の総合商社は、社内部門の独立や事業投資、買収により多くの会社を設立しました。まさしくビジネスを創造する動きです。三井物産の玉《たま》造船所（のちの三井造船、現・三井E&Sホールディングス）、東洋レーヨン（現・東レ）、鈴木商店の神戸製鋼所、帝国人造絹糸（現・帝人）、三菱商事の三菱石油（のちの新日本石油、現・ENEOS）などです。また、東洋棉花（一九七〇年にトーメンに商号変更、現・豊田通商）は一九二〇年、投機的な棉花取引に機動性や資金力を付与する目的で、三井物産棉花部の業務をすべて独立させた専門商社でした。明治期創業の日本綿花（のちのニチメン、現・双日）と江商（のちの兼松江商）とともに大阪に地盤を置き、三綿と呼ばれました。

それ以外の戦前の繊維専門商社としては、江戸時代末期に伊藤忠兵衛によって創立されて、大正時代に伊藤忠合名になった事業体から発展した二社があります。伊藤忠合名の営業部門が、一九一八年（大正七）に伊藤忠商事と伊藤忠商店に分割されました。その後、伊藤忠商店と同系列の別商店が合併して、二一年に丸紅商店が設立されています。伊藤忠商事と丸紅商店は、三綿とあわせて関西五綿と呼ばれました。そして戦後、それぞれが総合商社である伊藤忠商事と丸紅になります。また、羊毛の輸入商社であった明治期創業の兼松（のちの兼松江商）も、日本の繊維産業の発展とともに規模を拡大していました。

そのほか明治時代に源流を持ち、現在の総合商社につながる商社としては、鈴木商店の貿易部門が日商として再スタートし、双日の源流の一つ日商岩井になりました。同じく明治期に創立されて鉄鋼に強みを持っていた岩井商店（のちに岩井産業に変更、一九六八年に日商と合併して日商岩井）や安宅《あたか》産業（七七年に伊藤忠商事が合併）も、それぞれの特色を活かして発展していました。

これら専門商社は、昭和の戦時体制期に生産事業への進出や商品取引の拡大を図って総合化していましたが、総合商社と言えるほどの実態と規模は持ちませんでした。

コラム1　三井物産の清国向け綿製品輸出ビジネス

明治の産業革命と戦後のわが国経済の復興を支えたのは、綿紡績工業と綿織物工業からなる綿紡織産業です。明治時代、これら工業の確立過程で、三井物産は、イギリスからの繊維機械（当時もっとも優良とされていたプラット社製が中心）の輸入、清国やインド、アメリカ等などからの原料棉花の輸入、そして製品の市場開拓、関連企業の育成、国内紡織機械工業の養成などを通じて、産業全体の成長という大きな価値を実現しました。外貨獲得のための輸出産業を確立して、産業革命に貢献したのです。

その当時、三井物産は、紡織機械と原料棉花の輸入そして綿製品の販売を通じて、大阪紡績（現・東洋紡）、尼崎紡績（のちの大日本紡績、現・ユニチカ）などほぼすべてのわが国の綿紡織企業と取引していました。多くの綿紡織企業と製品の一手販売あるいは原料の一手購買の契約を締結するなどで、深いパートナー関係を持っていたのです。

一八九〇年の恐慌で、国内の綿紡織企業も販路を失い困窮したため、三井物産は、製品である綿糸の清国（一九一二年以降は中国）への輸出を促進しようとしました。しかし国産綿糸の品質は、競合するインド綿糸と比較して、原料棉花・技術の関係もあり粗悪で、製品も低価格の太目のものが中心でした。三井物産は、良質ではあるが輸入価格の高いアメリカ棉花の価格低減と輸入量増や、日本での生産の技術指導に力を入れました。また、内地支店の「無口銭」*取扱いも行い協力しました。日本の清国への綿糸輸出が軌道に乗るのは、日清戦争ののち、アメリカからの棉花輸入が促進されてからであり、それに伴う品質向上も理由の一つであった、とされています。

英国プラット社の紡績機械（1888年製、大日本紡績平野工場。出所：三井物産ホームページ「旧三井物産の礎を築いた事業」、三井文庫所蔵）

一八九七年に、清国市場で日本糸がボンベイ糸を抜いて、天津における輸入綿糸の首位を占めました。この年からわが国としての綿糸輸出量が輸入量を超え、生産量の多くが輸出されるようになりました。綿紡績工業が輸出産業として確立したのです。

また綿糸を用いた製品である綿布について、三井物産は清国への輸出を試みていましたが、綿糸に比べると遅れていました。一九〇六年には、清国の満州市場開拓の目的で、大阪紡績・三重紡績・岡山紡績・金巾《かなきん》製織・天満《てんま》織物の五社が三井物産の提唱により、日本綿布輸出組合を結成しています。三井物産はこれら五社の総代理店として、綿布の満州への輸出を全面的に担当しました。満州においてはアメリカ製品が市場を押さえていたためやや苦戦し、岡山・天満両社は脱落しました。しかし、残った三社（大阪紡績の金巾製織合併により二社）は協力し、大阪・三重両社から販売指導者を現地に出し、三井物産と一体になって販路拡張に努めて市場を創造、満州市場を開拓したのです。

この動きは、輸出組合を結成して、わが国の紡織企業の海外市場における無用な競争を排除した最初の例と言われています。この時、満州では、日露戦争で日本が行使した軍票*の回収が必要であり、それを政府から依頼されていました。それも綿布を積極的に輸出する目的の一つであり、国家と一体になった総合商社の活躍が見て取れます。結果として、綿布輸出は拡大を続け、一九一三年には、中国の綿布輸入額における日本のシェアが二割を超えるまでになりました。わが国の綿布の輸出額は〇九年に輸入額を上回って以後増加し、綿織物工業も輸出産業として確立しました。

三井物産の対全国占有率は、明治後期（一八九七～一九一〇年）の平均で、綿糸輸出が三二％（最高は一九〇六年の五二％）、綿布輸出が二〇％を占めていました（日露戦争後の一九〇六～一〇年の五年間平均では四〇％、最高は一〇年の五一％）。また三井物産自身の全取扱高に占める綿糸・綿布合計の比率も、このころ多くの年で十数%を占め（一九〇〇年には最高の一七%）、重要ビジネスの一つとして確立していたのです（松元［1979］）。

三井物産は、品質が高くない綿糸布しか生産できなかった発展途上の綿紡織産業のために、高品質の原料調達などによる品質向上、国際的に通用する企業ブランドとなっていた「三井」の商標の利用、輸出組合組成や資金繰り支援などを進めました。様々な助言や支援を行い先行投資して、清国市場という輸出市場を創造しました。効果的なビジネスシステムを創って動かしていたのです。

こうして、綿紡織産業は、国際競争に耐えうる品質を持つ製品の大量生産体制の充実、難易度の高い輸出や原料調達の効率化、資金繰り業務からの解放、国内不況による業績不振からの脱却、売上高・利益の拡大、基幹輸出産業としての確立などを実現しました。そしてこの時期、三井物産は総合商社としての地位を確立したとされています。

重要な経営資源としては、社内で養成した綿紡織ビジネスに習熟した人材、資金力、三井のブランド、主要綿紡織企業や、横浜正金銀行*、日本郵船*といった補助的業務を提供する企業との密なネットワークがありました。

その背後には、三井物産が創業時から持っていた、国策の推進力になろうとする進取的な精神、組織文化があったことは間違いありません。

三　総合商社の歴史②――戦後復興から高度経済成長期

太平洋戦争の終結に伴い、ＧＨＱの要求を受けて、三井・三菱などの財閥が解体されました。その後、一九四七年（昭和二二）、戦前から総合商社そして持株会社としての実態を持っていた三井物産と三菱商事も、ともに徹底的に解体されました。三井物産は約二二〇社、三菱商事は約一四〇社の大小の新会社になったのです。

その後再開された民間貿易で、輸出の中心は繊維製品であったこともあり、海外貿易の機能を持っていた関西五綿（伊藤忠商事、丸紅、日綿実業〈日本綿花が戦時中に商号を変更〉、東洋棉花、江商）などの繊維専門商社が活躍を始めました。また、鉄鋼生産の拡大を受けて、日商、岩井産業や安宅産業などの鉄鋼・金属に強い専門商社も事業を拡張しています。戦前は専門商社の位置づけにあったこれら各社が、貿易・国内取引を拡大しつつ多角化を進めていきました。朝鮮戦争の特需などの経済的な恩恵を受けて事業を発展させ、総合商社化していったのです。一九五二年には住友グループの商事会社が住友商事に社名を変更し、五四年に三菱商事が、五九年に三井物産が再合同を完了しています。このころ、各社が、戦後の総合商社としての基礎固めを終えたのです。

一九六八年の日商と岩井産業の合併後、安宅産業、伊藤忠商事、兼松江商、住友商事、東洋棉花（七〇年からトーメン）、日綿実業、日商岩井、丸紅、三井物産、三菱商事の一〇社体制となり、七七年の安宅産業の伊藤忠商事への吸収合併で、九社体制に落ち着きました。このうち、企業名を変えずに存続しているのが大手総合商社五社です。

高度経済成長期のわが国経済の重化学工業化に伴いメーカーが成長し、それとともに総合商社は鉄鋼・化学品など基幹産業の流通窓口となり、取引を積極的に拡大します。さらに株式持合い、新産業進出のリスク分散、銀行との関係強化などを目的に、六大企業グループ（財閥系の三菱・三井・住友と銀行系の芙蓉《ふよう》・一勧《いちかん》・三和）が形成されて、各総合商社もいずれかのグループのメンバーになりました。わが国の企業は、資本蓄積が十分ではなく、資本市場も未発達であったため、銀行からの借入金を中心に資金を調達しなければならず、銀行が力を持っていた時代です。そのため、財閥系以外は銀行中心のグループでした。総合商社は、企業グループの流通窓口として集団内取引を推進し、グループ企業の海外展開を貿易の先兵として支援しました。さらに海外プロジェクトなどではオーガナイザーとして事業を推進し、中小のメーカーや代理店には与信機能*を果たして資金繰りを助ける（商社金融*）など、銀行と並ぶ企業グループの中核でした。当時、わが国の輸出の五〇％以上、輸入の七五％以上が総合商社で取り扱われていたこともありました。

しかし、自動車・家電などの耐久消費財メーカーが力をつけて、総合商社に依存せず自社による流通系列を整備し始めたことも現実です。そうした動きを反映して、総合商社の発展に対して冷水を浴びせた「商社斜陽論」（御園生［1961］）は、社会的にも大きなインパクトを与えました。しかし高度経済成長は継続します。総合商社は、新しい重化学工業との連携や、単なるビジネスの仲介者として商取引を行うだけではなくプロジェクトのオーガナイザーとしての機能を充実するなど、複合的な活動を強めて発展を続けました。たとえば、海外での大型プラント輸出（コラム2で紹介）、LNG*（液化天然ガス）事業（コラム7で紹介）、鉄鉱石の開発輸入など、新しい大きな展開を見せることで、存在意義を強化していたのです。

しかし、一九七一年（昭和四六）のドルショック*後の円高を受けた総需要拡大策による景気過熱の後、七三年の第一次オイルショック*に対応する引き締め策で、翌年には景気が悪化し高度経済成長が終わりを迎えました。また、オイルショックの物価暴騰のなか、買い占め・売り惜しみ批判が起こり、総合商社の行動に対する否定的な見方が強くなりました。それに対して、業界団体である日本貿易会は、七三年に「総合商社行動基準」を発表しました。また、公正取引委員会が公表した「総合商社に関する調査報告」に対する見解も出しました。総合商社は、社会的責任を明確にして行動するようになったのです。

消費者物価指数（年平均）の上昇率（前年比）

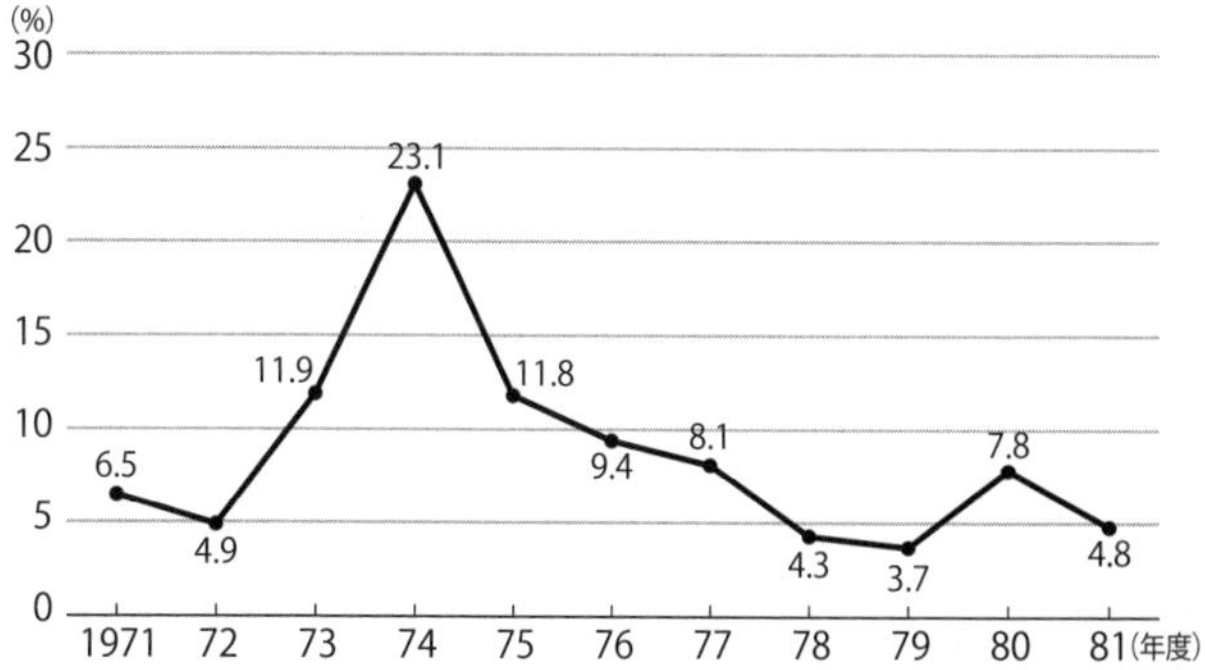

出所：総務省統計局「2020年基準消費者物価指数」をもとに筆者作成。

　金融面では、一九七四年、大蔵省（現・財務省）が、銀行の大口融資規制*を実施し、銀行は一企業に自己資本の二〇%までしか融資できなくなりました。これにより総合商社は借入金を返済することになり、活動が制約されたといわれています。

　さらに当時、わが国の輸出の主力が、総合商社が得意とした鉄鋼、化学品、繊維などの素材から、自動車、電気機械、精密機械などの組立加工型の製品に移っていました。同時に、人材・貿易ノウハウ・資金力を蓄積してきたメーカーが、自社による貿易を行うことも増えました。また、国内の中小専門商社・メーカー向け取引で総合商社が存在意義を発揮していた商社金融も、銀行のこの分野への本格進出、メーカーの流通機能強化などにより、必要性が小さくなっていました。総合商社の環境は厳しさを増し始めたのです。

四　総合商社の歴史③——商社冬の時代の到来からバブル経済、平成不況へ

一九八〇年代には、「商社冬の時代」という言葉が聞かれるようになりました。一九八三年に出版された、日経ビジネス編『商社——冬の時代』（日本経済新聞社）は、端的にその言葉を使っています。

一九七三年度から八四年度に至る約一〇年間の総合商社の業績を見ると、当時の利益の中心であった営業利益（個別決算）の大きさが、高度経済成長が終わったとされる七四年から八〇年にかけて大きく変動していますが、その後は冴えません。

しかし、一九八五年のプラザ合意*の後、急速に進んだ円高を受けて、景気悪化に対する懸念から、日銀が進めた低金利政策や金融機関による貸し出しの拡大などによって、わが国の経済は一気にバブル化していきました。東京証券取引所の日経平均株価終値は、八九年（平成元）末、三万八九一五円八七銭の史上最高値を記録しています。

当時、総合商社は高い格付けを活かした低金利による資金調達を背景に財テク*を行い、ゴルフ場などへの不動産投資を積極化し、特定金銭信託*やファンドトラスト*のような形で有価証券投資*を行いました。なかでも三菱商事は、財務部門がプロフィット・センターに

総合商社の営業利益

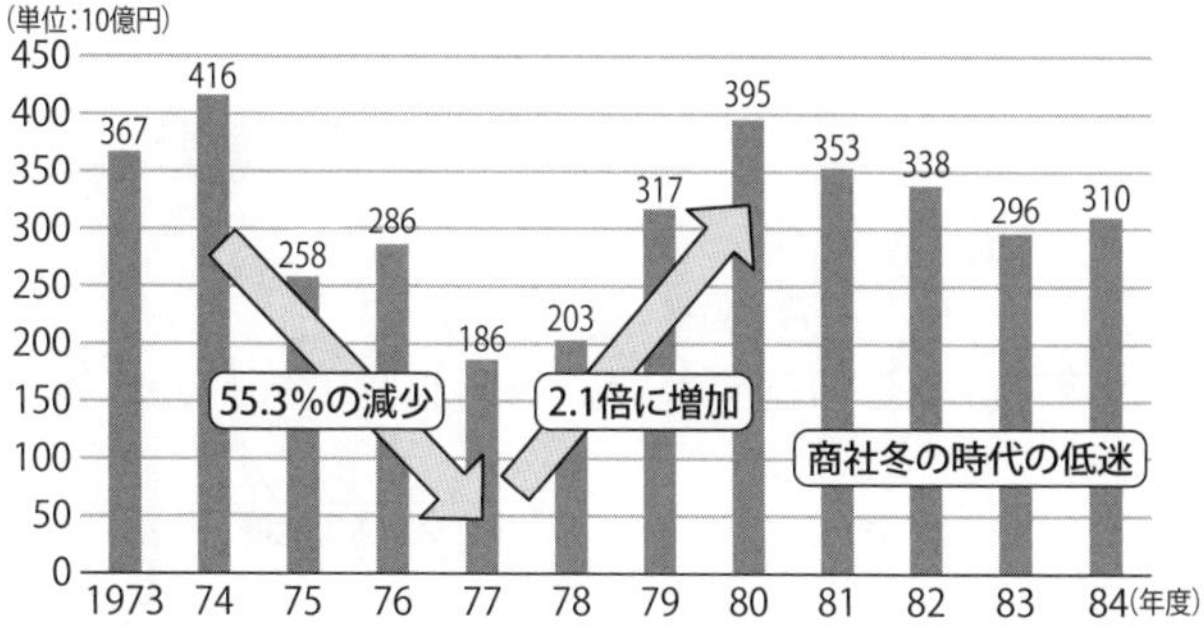

出所：各社有価証券報告書をもとに筆者作成。
注：1976年度までは総合商社10社、77年度からは9社の合計。個別決算の営業利益。

変身したと言われて、積極的な財テクを展開、一九八八年度の証券投資の運用益は二五〇億円だったとされています（逸見・齋藤［1991］）。この年度の連結営業利益に対する比率は約三割です。

　こうして、バブル経済の進展によって、商社冬の時代は話題にならなくなりました。

　三菱商事は、危機感をもとに先行的な動きとして、新たな収益体制の構築に向けた業務の合理化・効率化に着手し、一九八六年に、売上高より利益を重視する方針を社内に徹底しました。同時に、経営計画「K-PLAN」を策定し、商権*構造の再構築、事業領域の選別と機能の高付加価値化などを明確な形で示しました（同社『アニュアルレポート2010』）。他の総合商社も、それまで力を入れていた売上高による競争から、利益重視に方針転換し、時代の要請もあって連結決算*を意識するようになりました。

バブル経済期から平成不況期の総合商社の連結当期純利益・純損失

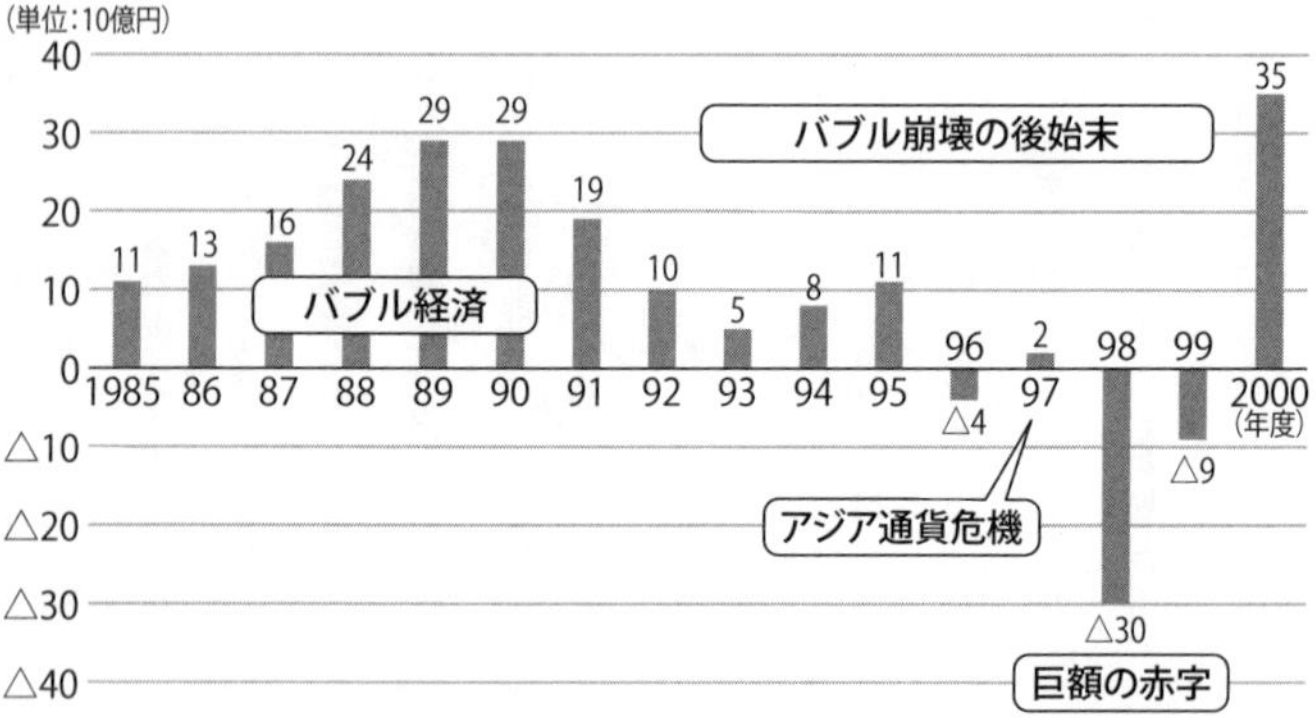

出所：島田ほか[2003]46頁「数値資料1-3 総合商社の連結純利益推移」をもとに筆者作成。
注：1998年度までは総合商社９社、99年度以降は８社の平均値。

当時、円高対応でメーカーが海外進出や海外買収を増やしており、総合商社も協力しました。また、それまでは主として商権維持のための補助的手段であった投資を、海外資源開発などへの事業投資の形で、財テク以外にも収益獲得手段として本格化しました。

ところが一九九〇年以降、バブル経済が崩壊して平成不況の時代になり、総合商社各社の業績は一気に悪化します。財テクが裏目に出たこともあり、資産価値の下落で多額の不良資産を処理しました。またこのころから急速に普及したインターネットによる情報通信革命を受けて、国内外の企業とのコミュニケーションや取引が容易になりました。その結果、コスト削減に迫られるメーカーが、「中抜き」として商社を介在させなくなったり、自社系列商社の起用を加速するようになったりしたのです。九七年のアジア通貨危機*がわが国にも影響し、北海道拓殖銀行、山一證券や日本長期信用銀行が破綻するなどして、総合商社の業績も悪化しました。

一九九八年度の総合商社九社の連結決算は、平均すると三〇三億円の純損失になり、翌年度にも九〇億の純損失を計上したのです。

そこで総合商社は、事業の選択と集中を進めて、専門性をもとにした対応の充実や効率化を徹底するために、国内の鉄鋼や化学品などの伝統的な商権ビジネスのオペレーションを子会社・関連会社*に移し始めました。本社（親会社）は、主として新規事業の開発と投資先管理を行う体制に移行するのです。総合商社の本質的な機能であるビジネス創造を本社が担当することが、見えやすくなったと言えます。

子会社展開の一例として、建材商社であるSMB建材があります。同社は、一九八一年の住友商事建材部門の既存子会社との統合による住商建材の発足から、スタートしました。二〇〇二年に三井物産建材資材部門と統合して三井住商建材になり、さらに丸紅子会社の丸紅建材と統合して、一七年から現在の社名になったものです。

こうしたなか、業績低迷する総合商社の再編が行われました。

コラム2　A社のアフリカ向けプラント輸出プロジェクト

総合商社冬の時代前後に、A社（企業名などを明らかにしない前提で行われた調査にもとづくため、社名をA社としています）が、アフリカのある国向けのプラント輸出のビジネスにおいて、エンジニアリング機能を持とうとチャレンジしたプロジェクトの紹介です。案件は、一九八〇年代半ばに開始され九〇年代初めにほぼ完了しました。

わが国のプラント輸出ビジネスは、一九七〇年代に大きな伸びを見せ、八一年には一七五億ドルに達し重要な輸出産業となっていました（情報企画研究所経済協力通信部［1991］）。八〇年代当時、毎年数千億円の売上高を稼ぎ出す総合商社の事業領域として確立していたのです。多くの場合、総合商社は主契約者つまりプロジェクト全体の売主として、エンドユーザー（外国政府などの発注者）と参加企業との間の取引のまとめ役を務め、契約締結から設計、工事、完成・引き渡し、代金回収などまでをすべてを担当しました。

ここでは、オーガナイザー機能がカギです。それは、利害調整をしつつ各部分を取りまとめるコーディネーターとしての機能と、プラントの完成に至るプロセスをシステム化する機能つまりエンジニアリング機能の二つからなります。この役割を果たす主契約者になることができるのは、総合商社、エンジニアリング会社あるいは主要機器のメーカーだけでした。総合商社は、契約締結以前の案件発掘の段階で強みを発揮し受注に貢献して、主契約者の地位を得ることが多かったとされています。

しかしこの当時、プラント輸出ビジネスは、競争の激化、原油価格の低迷、イラン・イラク戦争、プラザ合意*後に急速に進んだ円高などを背景に、転換期を迎えていたのです。さらに総合商社のプラント輸出の契約内容が、リスクを参加企業に負わせる事務代行*中心になっていき、実質的な機能を失いつつありました。

事務代行の形だと、現実には、総合商社と親しい主要機器を納入する大手重電・重工メーカー（主要機器のメーカー、たとえば三菱商事のプロジェクトなら三菱重工業）が、実質的に全体を取り仕切るものが多かったのです。参加企業側が総合商社を前面に出したのは、与信リスクやカントリーリスクの評価・負担を任せることが主要な目的でした。プラント自身の技術リスクは、各メーカーが取るわけです。総合商社は全体をコーディネートしつつ、企画・調査から資金計画・官庁申請、与信管理・代金回収などの業務を担当します。与信リスクやカントリーリスクについては、政府の貿易保険などでカバーしていました。これに対して、総合商社は実際にはリスクを取っていないではないか、という参加企業側からの批判がありました。

プラント輸出で総合商社が実質の主契約者に

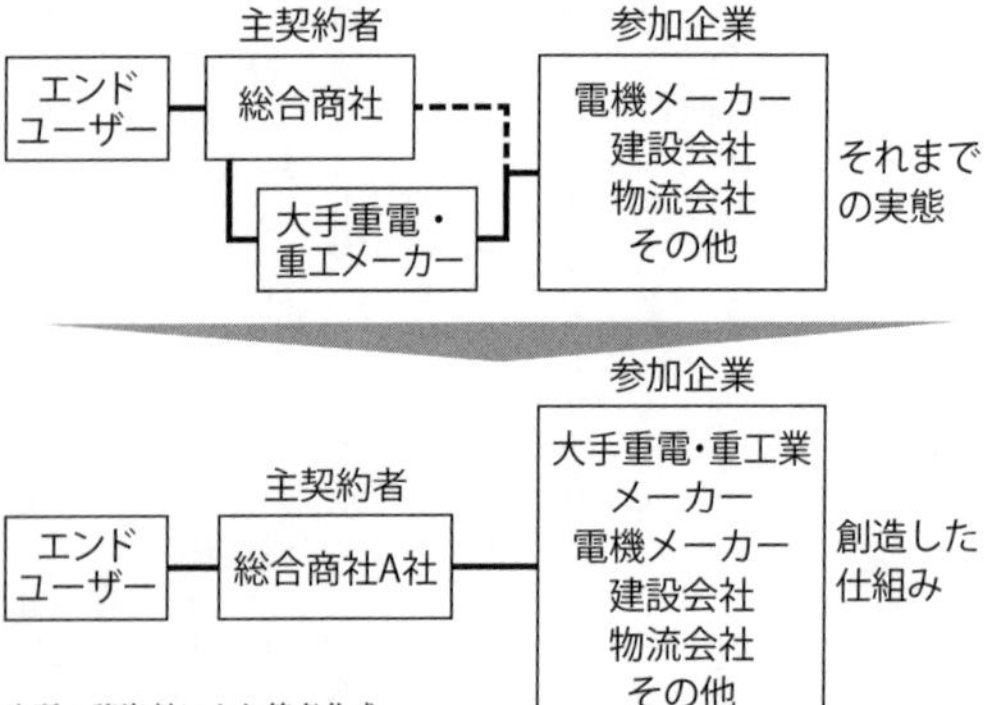

出所：諸資料により筆者作成。

そこでA社は、業務を内製化しないとジリ貧だという危機意識を持ち、新しいビジネスシステムを創造して価値を拡大しようとしました。実質的にプロジェクトを動かす機能を持ち、単なるコーディネーターや与信リスク負担者としての機能を超えて、エンジニアリング機能まで発揮するのです。プロジェクト全体のリスクを実質的に取ることのできる主契約者になろうと、総合商社として初めてのチャレンジをしたわけです。たとえば機器製品については、日本からの出荷時点でA社が買い切り、そこから先の資金回収まですべてを担当してメーカーには迷惑をかけない、ということです。三〇社程度の参加企業をリードし、建設工事の工程管理も行い、試運転を経て引き渡すまでのプロセス全体を動かしました。その結果として、ハイリスク・ハイリターンのプロジェクトになることは、覚悟する必要がありました。もちろん、大手重電メーカーなど参加企業にとっては、リスクを限定できることから、歓迎されています。

A社は、プロジェクト・オフィスを新設し、業務プロセスすべてを自社主導で行う体制を創りました。人材も社外からメーカーOBなどを採用し、本社の営業、情報・調査、金融、ロジスティクス、リスクマネジメントなど各部門の機能も利用しました。

利益を確保する収益モデルも、それまでのような、売上高に対するコミッション何%という形ではなく、メーカーから製品を買い切る形にしました。自社でロジスティクスなども手配し、エンドユーザーへの売上高との売買差益で利益を獲得するので、メーカーと同じ形式です。この収益モデルでは、不測の事態に自社で対応するため、売買差益として最低十数%は取らないとダメという考え方で、採算の設定を行いました。

相手国の政情不安があり、また言語や先方組織の問題などもあって、エンドユーザーとの交渉に時間を要して契約発効が遅れ、全体の進行に時間がかかりました。最終的に代金はすべて回収できたものの、プロジェクト完了までの時間・コストが想定を上回り、ビジネス的に失敗と評価されるものとなってしまいました。

しかしこのチャレンジの結果、プラント輸出ビジネスにおいて、総合商社がエンジニアリング機能を発揮することが増えました。また、エンドユーザーである電力事業者としての立場での、IPP*事業の市場創造に向かう第一歩を踏み出したことも、重要です。

五　総合商社の歴史④——商社夏の時代から現在へ

平成不況が落ち着き、二〇〇三年（平成一五）以降、総合商社の業績も回復して、「商社夏の時代」と言われるまでになりました。資源・エネルギー部門が好調で、三菱商事の〇三年度純利益は、石炭やLNGなどの好調を受けて総合商社として初めて一〇〇〇億円を超えて、話題になったのです。当時、他社も同様に次々と最高益を記録して、〇八年九月にアメリカのリーマン・ブラザーズが経営破綻したことをきっかけに世界的な不況（リーマン・ショック）に陥るまでは、好調を維持していました。

それまで総合商社各社が資源・エネルギー領域で積極的に投資を進めていたこと、中国の経済的な発展が進んで鉄鋼・石炭などの需要が拡大したことなどが背景でした。

またこうした好調の原因の一つは、収益構造（収益モデル）の変革です。

総合商社各社は、厳しい環境を受けて、伝統的な貿易や国内の商取引に依存する収益構造を変革し、投資による利益、具体的には受取配当金や持分法による投資損益*、さらに有価証券損益*などに重点を置くようになりました。リーマン・ショックの後、二〇〇九年度には、景気の悪化で商取引も影響を受けて、連結決算の営業利益が七社合計で約七八五〇

総合商社の連結当期純利益

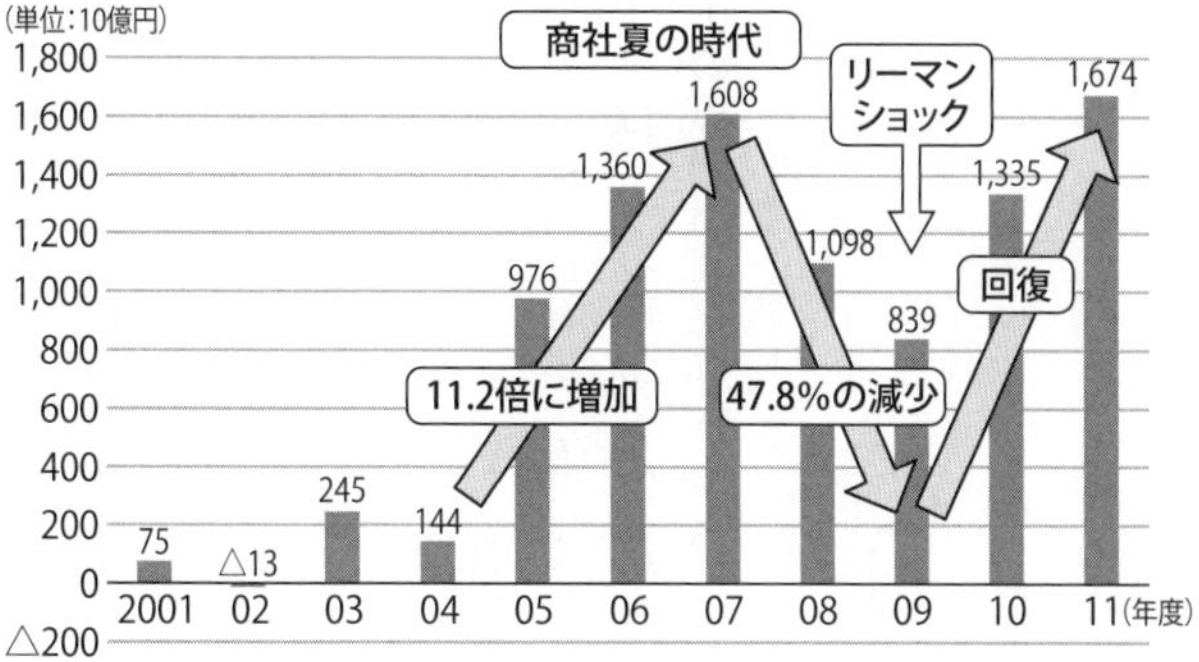

出所：日本貿易会[2013]。
注：総合商社７社の合計値。

億円と、前年度比五八%の減少となりました。しかし投資による利益は相対的に堅調で、単純比較はできませんが、受取配当金と持分法投資損益の合計額の営業利益に対する比率を、前年度の三九%から七八%に上げています。

また、このころの総合商社の新しい動きとして、川下分野、特に小売事業への積極的な進出があります。それまで総合商社のビジネスは川上分野が中心で、小売事業では、住友商事によるサミットストアの運営が数少ない定着事例とされているくらいでした。しかし二〇〇〇年前後から、コンビニエンスストア事業などへの進出が目立ち始めたのです。伊藤忠商事は、現在のファミリーマートの経営権を掌握して子会社化し、二〇年（令和二）のＴＯＢ＊を経て一〇〇%に近い株式を保有しています。三菱商事も、業務提携や出資を経て、一七年にTOBによりローソンを子会社化しました。そのほか、三井物産はセブン&アイ・ホールディングスに出資して事業上の関係を強化しました（コラム3を参照）。

またかつて、大手スーパーのダイエーが業績悪化からの再建を目指していた時、そこには丸紅が関与しており、住友商事も、業績が悪化した西友の再建に関与していました。とともに現在は手を引いています。

小売事業に関連するものとしては、ユニクロを展開するファーストリテイリングと三菱商事の関係も有名で、一九九〇年代から陰で躍進を支えてきました。

また各総合商社は、食品を取り扱う専門商社を統合強化しました。食品専門商社業界の最大手は、三菱商事による経営統合で二〇一一年に誕生した三菱食品です。伊藤忠商事も傘下の専門商社を統合して、一九九六年に伊藤忠食品を誕生させたほか、二〇〇六年には現在業界第二位の日本アクセスを子会社化しています。三井物産も同様に、傘下の専門商社を合併して〇四年に三井食品をスタートさせて、二〇年には持株会社の三井物産流通ホールディングスに統合しました。

二〇〇〇年代半ばから新聞記事などでは、財閥系の三菱商事・三井物産・住友商事と非財閥系の伊藤忠商事・丸紅を合わせて、大手総合商社五社あるいは五大総合商社と呼ぶことが多くなりました。この五社に豊田通商と双日の二社を加えた七社が、現在の総合商社

近年の総合商社7社の連結当期純利益（親会社の所有者帰属分）

（単位：10億円）

年度	2012	2013	2014	2015	2016	2017	2018	2019	2020
伊藤忠商事	259	245	301	240	352	400	501	501	401
三井物産	297	350	306	△83	306	418	414	392	335
丸紅	130	211	106	62	155	211	231	△197	223
三菱商事	323	361	401	△149	440	560	591	535	173
豊田通商	67	73	68	△19	108	130	133	136	135
双日	13	27	33	37	41	57	70	61	27
住友商事	232	223	△73	75	171	309	321	171	△153
7社合計	1,322	1,491	1,141	162	1,574	2,086	2,260	1,598	1,141

出所：各社有価証券報告書。
注：国際会計基準、豊田通商のみ2014年度まで日本基準。

とされる企業群です。

近年の総合商社は、夏の時代の収益を支えた資源・エネルギー事業を再生エネルギーにも注力して維持しつつ、食品事業や消費者向け事業など非資源分野での拡大を目指しています。

二〇一二年度からの純利益を見ると、一五年度に三菱商事、三井物産と豊田通商が赤字となりました。この間、住友商事、丸紅も赤字を計上しています。多くの場合、資源分野（石油や鉄鉱石など）に起因する減損の計上が原因です。

その一方、非資源分野に強く、「利は川下にあり」の言葉を掲げる伊藤忠商事は赤字に陥ることなく、一五年度には初の純利益業界第一位となりました。さらに二〇年度には、純利益、株価そして時価総額すべてにおいて業界ナンバーワンとなって、「三冠」を達成したと話題になったのです。

六　いまの総合商社の戦略

歴史的には、資源のない工業国の日本にとって必要な原材料である資源を、安定的に調達することが、産業の発展のためにきわめて重要でした。そして、原材料を加工して付加価値を持つ工業製品に仕上げ、輸出して外貨を獲得してきたのです。この加工貿易が日本経済の本質でした。そこで貿易取引を行うことによって、重要な役割を果たしてきたのが、総合商社なのです。総合商社は、歴史的に貿易会社として発展してきました。

これからもわが国の経済において、貿易会社としての総合商社の重要性は変わらないと思います。しかしそこでは、かつての単なるモノの商取引を超えた領域での活動も重要になってきます。

最近までは、既述のように、市況の影響を受けて損益に大きな影響を与えることの多い資源・エネルギー事業（資源分野）の比重を小さくして、コンビニエンスストアなどの非資源分野に重点を移す努力を、多くの総合商社が進めていました。資源分野では、巨額の投資とともに、大きな利益が得られます。しかしその一方、市況次第で価格が激変し、業績が大きくぶれることが多いのです。実際、近年の総合商社の巨額損失の多くは、資源・

エネルギー事業によるものでした。

脱炭素の動きを受けて石油や天然ガスなどへの新規投資が抑制されていたところに、二〇二二年に入ってからのウクライナ侵攻で、ロシアのエネルギーへの依存を減らすことが各国の重要な課題になりました。そこでエネルギー需要が急速に高まり、同時に世界的な経済回復も進んで、石油や天然ガス、金属資源などの価格が高騰しました。これが総合商社の二一年度決算の利益をふくらませたのです。近年多くの総合商社が目指してきた方向と逆の結果になっていることは、否定できないと思います。しかしこれからも、大きな流れは変わりません。地球温暖化の抑制に向けて、石油や天然ガスの使用を控え、よりクリーンなエネルギーや持続可能な資源が重視される方向に進みます。多くの総合商社が以前から課題にしている、旧来型の資源分野に重きのある事業構造を変えていく努力を、より一層強く求められていくものと思われます。

いまの総合商社はそうした社会経済の動きの延長線上で、戦略的に大きく二つの方向で動いています。一つが、一九九〇年代のインターネットの出現以後、急速に進展した社会経済のIT化を受けた、DX（デジタル・トランスフォーメーション）への対応の推進。もう一つが、右に述べた世界で求められている脱炭素の動き、SDGs*への対応の積極的な事業化です。

総合商社の戦略のキーワード

三菱商事	・EX（エネルギー・トランスフォーメーション）戦略：脱炭素ソリューションプロバイダー ・DX戦略：リアルとデジタルの融合 ・未来創造：新産業創出と地域創生
三井物産	・エネルギーソリューション ・ヘルスケア・ニュートリション ・マーケット・アジア ・サステナビリティ経営とESGの進化
伊藤忠商事	・「マーケットイン」による事業変革（『利は川下にあり』） ・データ活用・DXによる収益機会拡大 ・SDGsへの貢献・取組強化（『三方よし資本主義』） ・循環型ビジネスの主導的展開
住友商事	・DX：事業変革と新規事業開発 ・次世代エネルギー、社会インフラ、リテイル・コンシューマー、ヘルスケア、農業 ・サステナビリティ経営高度化
丸紅	・グリーンのトップランナーへ ・グリーン化推進：ICT活用等による環境負荷低減、サステナビリティ分野への金融機能提供、サステナブル調達 ・グリーン事業：脱炭素、循環経済、水資源、生物多様性
豊田通商	・ネクストモビリティ戦略 ・再生可能エネルギー戦略 ・アフリカ戦略 ・循環型静脈事業戦略
双日	・インフラ・ヘルスケア ・成長市場×マーケットイン志向 ・素材・サーキュラーエコノミー ・デジタル・新技術・社内外での共創

出所：各社の中期経営戦略・中期経営計画をもとに筆者作成。

表は、筆者の主観も交えて、各社の中期経営戦略・中期経営計画のなかから、重要と思われるキーワードを抽出したものです。各社が、DXや脱炭素・SDGsに関連するキーワードを示していました。

どの総合商社も、DX領域の関係会社を持っており、EC周辺で最先端ソリューションを提供する企業に出資し、積極的な動きを進めることも多いです。

今回の新型コロナの流行やウクライナ侵攻などをきっかけに、手元在庫をできるだけ減らして効率性を徹底するジャストインタイム型の経営は、危機に弱いことが理解されました。今後は、効率性と低コストだけでなく危機への対応力（安定性や持続可能性があること）も求められます。そうした時こそ、グローバルなサプライチェーンの運営に深く関与してきた総合商社が、新しいソリューションを提供することを期待されています。

脱炭素、ＳＤＧｓへの対応も、元来、総合商社は資源・エネルギー領域に強く経験も豊富だったわけですから、ＤＸの力も活用しつつ、新しいビジネスを創造していくことが可能でしょう。風力発電などの再生可能エネルギー、あるいは石油に代わる水素・アンモニア、電気自動車などに関連する領域では、各社が動きを積極化しています。また、気候変動問題に関連する提案が、一部の総合商社の株主総会で環境ＮＧＯから出されており、企業行動としても環境問題を意識していくことは避けられません。

これら以外にも、各社様々な方向の戦略展開を見せています。そのなかで目立つのは、ヘルスケア、マーケットイン（川下つまり消費者に近い場所でのビジネス展開）などの言葉です。コンビニエンスストア事業に関してはコラム3で取り上げていますが、消費者に近い場所を活かした事業展開は、今後ますます重要になっていくでしょう。

もちろん各社は、ＤＸを社内で活用しオフィスの設計にも活かして、対応できる人材スキルを高めていくことになります。環境問題への対応は、ビジネスの機会でもあり、また株主から求められるまでもない経営課題としても重要になってきます。

コラム3　大手コンビニエンスストア三社と総合商社

一九七四年（昭和四九）五月にセブン－イレブン第一号店が、東京都江東区に開店して以来、五〇年近い月日がすぎています。いまや街中に店舗を展開して、消費者の日常生活になくてはならない存在となったコンビニエンスストア（以下、CVS）。三井物産、三菱商事、伊藤忠商事の三社は、CVS最大手のセブン－イレブン（以下では、セブン）、ファミリーマート（ファミマ）、ローソンと深い関係を構築して、CVS業界の発展を支援してきました。

国内では、この三社合計の売上高シェアが九割を超えるとされる寡占市場です。かつて小売産業の中心は、百貨店やスーパーマーケットでしたが、近年はCVSが一つの大きな柱になっています。総合商社は、スーパーマーケット事業に進出したこともありましたが、多くの場合失敗に終わっています。ここでは、総合商社がいまあらためて、CVSという一番消費者に近い川下分野の事業に、積極的に関与している姿を紹介します。

三井物産とセブン－イレブン

コンビニエンスストア大手3社（2022年2月末）

		セブン-イレブン	ファミリーマート	ローソン
親会社		セブン&アイ・ホールディングス	伊藤忠商事	三菱商事
店舗数	国内	21,327	16,569	14,656
	海外	57,394	8,354	4,862
	合計	78,721	24,923	19,518

出所：各社決算資料など。
注：各社で利益などの計上基準や含まれる要素が異なるので、CVSの店舗数で比較。

三井物産とセブンの関係は、一九八三年に出店増を受け、弁当容器を集約して一元管理する需要に応じたことに始まりました。子会社が弁当や総菜のパッケージを一括で開発し提供するなど、セブンのサプライチェーンの効率化を支援してきました。

二〇二〇年（令和二）には、小売・外食事業者向けに食品・日用品雑貨の中間流通機能を担っていた、三井食品などの子会社四社を統合し、持株会社の三井物産流通ホールディングスを設立しています。容器開発や原材料管理、店頭の商品・サービス提供の支援、温度帯別保管・配送などの物流が主要業務です。それぞれの機能を強化するため、IT部門を一本化しました。またCVSへの配送ルートを最適化するAIを開発し、物流コスト削減を進めています（薬文江［2021］）。

三井物産は、セブンの親会社セブン&アイ・ホールディングスに出資（二〇二二年二月末出資比率一・八三％）して関係を強化しています。流通事業本部が、CVSやスーパーマーケット・チェーン向けに、国内外の商流・物流の両面で一貫したD

CM（デマンドチェーン・マネジメント）*の構築と高度化を進めています。

伊藤忠商事とファミリーマート

伊藤忠商事は、一九九八年にファミマの筆頭株主になり、二〇二〇年、それまで五〇・一％の株式を保有し子会社としていたファミマの残りの株式相当数をTOB*によって取得して、上場廃止しました。生活消費関連を重視する伊藤忠商事の最重要子会社と位置づけ、商品力・利便性・親しみやすさを徹底して強化してきました。DXに関連して、リアルとデジタルの融合による新たな付加価値の創造を目指し、独自決済アプリ「ファミペイ」を通じて得た顧客データを活用した金融サービスの充実などを進めます。また子会社と協力して、データ分析によるサプライチェーンの最適化も行っています。

二〇一九年に新設した商品軸にもとづかない組織、第八カンパニーが、生活消費関連のビジネスを展開してマーケットインの尖兵として動きます。たとえばNTTドコモなどとともに消費者ニーズに合わせた広告を行うデジタル広告配信会社データ・ワンを設立しました。ファミマ店内に大画面のデジタルサイネージを設置して、エンタメ情報や地域情報などの映像コンテンツを配信し、購買データを活用した広告サービスとも連携します。

CVSの顧客を起点とし、店舗というリアルな資産を活かして新規ビジネスを創造する動きを積極的に進めています。

三菱商事とローソン

三菱商事は、二〇〇〇年にローソンと業務提携して資本参加し、さらに一七年にＴＯＢにより株式を追加取得して五〇・一％を保有する親会社となりました。一五年度に資源価格低迷などで当期純損失になったこともあり、非資源分野を強化するための判断でした。それまでのローソンとの連携が、ネット通販や金融などに限られていた形をあらためて、「企業価値を上げるために経営に深く関与していく」ものです。「生活関連事業の三菱商事」という色を強めます。三菱商事はそれまで、三菱食品の発足、海外でのサケマス養殖・加工事業の買収や穀物商社への出資、伊藤ハムと米久の経営統合など、食品流通の川上から中流で展開を進めていました。しかし、非資源分野強化のためには川下の小売分野が不可欠であるため、ＣＶＳ事業を取り込んだのです（藤野［2016］）。

コンシューマー産業グループが、ローソンとともに、エンタテインメント、ｅコマース、金融事業などに取り組み、デジタル技術により効率化しています。

ただ二〇二〇年度には、新型コロナによるローソンの業績悪化などの影響もあり、子会社化の際に認識した無形資産やのれん*について大きな減損損失を計上しました。

第二章　総合商社七社の概要

一　三菱商事

三菱商事は、明治時代から続く三菱グループの中核企業です。大正時代に創業し、太平洋戦争後に大合同を経て、総合商社業界のリーダーとして発展してきました。「組織の三菱」とされる社風で有名です。

業績

三菱商事の二〇二一年度連結当期純利益は、金属資源、天然ガス、自動車・モビリティや食品などのセグメントの好調により、九三七五億円（前期比五・四倍）となり、過去最高益を更新しました。さらに、二二年度の純利益予想金額は、総合商社初の一兆円超えです。前期の子会社ローソンに関する減損損失などによる不調から、劇的な回復です。純利益・株価・時価総額を合わせた「三冠王」でした。事業区分を資源・非資源に代えて、市況のリスク感応度にもとづいて市況系（主に資源分野）・事業系（主に非資源分野）としてくくり直し、市況系の割合を小さくしようとしてきました。二一年度純利益に占める割合は、事業系五五％（前期六八％）、市況系四五％（同三二％）と、市況系が拡大しました。

ロシア関連事業では、今回、サハリンⅡ*や自動車の販売金融などで一三〇億円の損失、その他の包括利益*の減少五〇〇億円（サハリンⅡについて、二〇二二年六月末に税前で減少八一一億円、九月末に同じく七三〇億円）を計上しました（日本経済新聞［2022A］など）。

歴史

三菱商事は、太平洋戦争の後、徹底的に解体され、約一四〇社の大小の新会社になりました。それらの大小の会社は合併を繰り返しました。その後、産業部門のリーダーシップの強い三菱グループ各社が大合同を積極的に支援して、中核となった光和実業と他の三社が一九五四年（昭和二九）七月に合併し、新しい三菱商事が誕生しました。解体の際、商権ごとに分割して戦力を温存したとされており、グループ企業の期待も強く、早めに再合同が実現したようです。

その後、三菱商事は、戦前から重化学工業に強くわが国最強とされる三菱グループの御三家の一つとして、戦後の経済発展を支えてきました。

ビジネスの特色

戦前からの総合商社で、幅広い事業展開を進めてきました。今回大きな利益を計上した金属資源グループは、世界中で原料炭、銅、鉄鉱石、アルミなどの金属資源への投資を進め事業を経営するほか、シンガポールに金属資源トレーディング子会社を設立して、アジアが中心となる成長市場の取り込みを図ります。ブルネイLNGプロジェクトなどを展開してきた天然ガスグループも、三菱商事の重要セグメントです。また自動車・モビリティグループは、三菱自動車やいすゞ自動車などの車両を世界的に取り扱っています。食品産業グループが北欧などで展開する、サケマス養殖事業は有名です。コンシューマー産業グループは、ローソン事業や医療関連事業を展開しています。

いまは、カーボンニュートラル社会を目指して、EX（Energy Transformation）とDX（Digital Transformation）の一体推進による未来創造を全社共通の事業テーマとしています。今回の決算では、従来から力を持っていた金属資源、天然ガスなどが大きな利益を上げました。しかし、これからは、EXとDX・成長投資関連に、既存事業で創出したキャッシュフローを配分していく計画です（「中期経営戦略 2024 MC Shared Value〈共創価値〉の創出」）。たとえば、EX関連では、再生可能エネルギー（再エネ）や次世代エネルギー（水素・アンモニア・バイオ）、電池材・ボーキサイトなど、DX・成長投資関連では、サプライチェーン最適化や都市開発などが、テーマになっています。DX戦略推進組織として、産業DX部門も設けました。またEX関連の事業ポートフォリオを、将来的には五割程度に引き上げることを目指します。再エネなどの地域エネルギー資源の活用、カーボンニュートラル新産業の創出、地域課題の解決を通じた魅力ある街づくりなどをテーマに、社会・産業課題の解決に貢献していきます。

組織と文化

三菱グループはわが国最大の企業グループであり、結束力が強いとされています。三菱商事も、歴史ある商品本部制のもと、組織の指揮命令系統がしっかりしており、スタッフ部門の管理が強いことが特色と言われています。「組織の三菱」です。

また三菱商事は「三綱領」を創業以来の企業理念として持っています。これは三菱合資第四代社長岩崎小彌太の訓諭をもとに、一九三四年に当時の三菱商事の行動指針として制定されたものです。具体的には、「所期奉公」(期するところは社会への貢献)、「処事光明」(フェアープレイに徹する) そして「立業貿易」(グローバルな視野で) です (三菱グループホームページ「根本理念「三綱領」」による)。

また、今回の中期経営戦略の副題である MC Shared Value (MCSV) は、「三菱商事グループの総合力強化による社会課題の解決を通じて、継続的に生み出されるスケールのある共創価値」と定義されています。「共創価値」という言葉に注目します。

二　三井物産

三井物産は、江戸時代から続く三井グループの中核企業です。わが国最初の総合商社として明治時代に創業し、戦前は最大の総合商社でした。戦後の大合同後も、いまに至るまで代表的な総合商社として発展しています。「人の三井」とされる社風で有名です。

業績

二〇二一年度の純利益は、金属資源、エネルギー、機械・インフラなどのセグメントの増益が寄与し、九一四七億円（前期比二・七倍）と過去最高を記録しました。「資源一本足打法」と呼ばれて資源分野に強く、鉄鉱石、石炭や原油・ガスなどの価格上昇が原因です。金属資源とエネルギーの二セグメントが、利益の六七%を生み出しました。

ロシア関連では、今回、アークティックLNG2*の損失二〇九億円とその他の包括利益の減少三六四億円、サハリンⅡ*のその他の包括利益の減少四四一億円（二二年六月末に減少一三六六億円、九月末にも減少一三四九億円）を計上しました。

歴史

三井物産も、太平洋戦争の後、徹底的に解体されて、約二二〇社の新会社になりました。新会社が合併を繰り返し、一九五九年（昭和三四）二月に第一物産を中心に大合同して新しい三井物産が誕生しています。三菱商事系会社の大合同に遅れること五年。石油関係のゼネラル物産（のちのゼネラル石油、現・ENEOS）や食品関係の東京食品（のちの東食、現・カーギルジャパン）は参加しませんでした。

これらの理由として、メインバンクの三井銀行の規模が小さく資金力が不足していたこと、旧三井物産の組織としての部店の強い独立性、戦後解体された際に人脈中心に分散したこと、三井グループ企業の協力の不十分さなどが指摘されています。

しかし大合同後は、総合商社の雄、三井グループの御三家の一つとして、日本の経済とともに発展してきました。

ビジネスの特色

歴史ある総合商社で、広い事業領域に展開していますが、いまの利益の大半を稼ぎ出しているのは、過去の金属資源とエネルギーのセグメントにおける投資です。これらのセグメントは、五〇年の歴史を持つオーストラリアの鉄鉱石合弁事業や、サハリンⅡに代表される大型LNGプロジェクトへの参画などによって、強力な事業領域になっています。そのほか、CVSへの支援、アジアの病院事業など、幅広い領域で活躍しています。

現在の戦略（「中期経営計画 2023 ～変革と成長～新たなステージに向けたコミットメント」）においては、LNG開発・再生エネルギーのエネルギーソリューション、*IHH（病院事業）を中心としたヘルスケア・ニュートリション、そしてDXの推進・消費者プラットフォームなどのマーケット・アジアを、重点施策としています。

また三井物産は、二〇一七年に、従業員本人も出資する社内起業制度を導入し、翌年にはムーンクリエイティブラボを独立した組織として設け、本格稼働を始めています。この組織はシリコンバレーのパロアルトに本社を置き、東京支社との二拠点で、自分たちでゼロイチの挑戦に取り組みます。こうした制度を使って、すでに起業した社員も出ており、ビジネス創造という点について興味深い展開になりそうです。

組織と文化

企業DNAである「挑戦と創造」、あるいは「自由闊達」という理念を重視しています。病院経営というB2C型*サービス事業に大きな投資を行って大胆に進出した事例（コラム

5）などは、これらの組織文化の反映とも考えられます。また社員の個性を大切にする社風（「人の三井」）があり、これがかつての部店独立採算制という管理制度にも表れていました。

歴史で述べたように、三井物産の大合同は遅れました。その原因はある程度、三井物産・三井グループの組織文化を反映しています。三井物産が歴史的に採用していた部店独立採算制の下では、各部店が強い独立性を持っていました。それが、早い意思決定や組織収支の明確化を特色として、大きな裁量権限を与えられた「物産マン」の活力の源であるとされていたのです。その一方、部店間の連携を図る組織的対応に弱い、業務の重複がある、利益至上主義になる、などの批判もありました。三井物産は、二〇〇〇年代前半に、国後島でのディーゼル発電をめぐる不正入札事件と、国内でのDPF（ディーゼル車向け粒子状物質減少装置）に関連する不祥事を起こしました。そこでは、組織的なコンプライアンス（法令遵守）意識が弱いと指摘されたのです。それもあって〇四年に、国内で部店独立採算制を営業本部による商品独立採算制に変更して組織的な管理を徹底し、その後海外についても海外地域本部制を導入しました。

なお二〇二〇年完成の新社屋は、部門の枠を超えたコミュニケーション、コラボレーションを目指してデジタル化されており、新しい組織文化が反映されているようです。

三　伊藤忠商事

近年好業績を続けて、いま一番注目されている伊藤忠商事。近江商人が創業し、江戸時代に起源を持つ繊維専門商社が発展してきた、非財閥系の総合商社です。「野武士集団」と呼ばれ、躍進はめざましいです。

業績

二〇二一年度の純利益は八二〇三億円（前期比二・〇倍）と過去最高でした。全セグメントで好調でしたが、特に鉄鉱石や石炭価格の上昇で金属セグメントの純利益が大きく伸びたほか、非資源分野の住生活や情報・金融など、八つのうち五つのセグメントで過去最高益となっています。元々強い非資源分野の純利益は七三％を占めています。

二〇二〇年度決算では、連結当期純利益で三菱商事を抜き去って業界首位を達成し、株価・時価総額と合わせて業界首位（三冠王）に躍り出ました。株価を反映し企業の成長性を評価しているとされるPBR*も、総合商社のなかではもっとも高くなっています。一九九〇年代から、不動産や金融商品などに関連する多額の損失を計上していましたが、当時社長であった室伏稔、さらに続いて丹羽宇一郎がリストラを大胆に実行したことから、安定的に稼ぐことのできる非資源分野を中心に攻めに転じ業績を拡大しました。

今回の決算でロシア関連(サハリンI*など)については、その他の包括損益の損失として税引き前約三〇〇億円を計上しました。二二年六月末にも、リース関連事業でロシア向け航空機に係る減損を八五億円計上しています。

歴史

江戸時代に初代伊藤忠兵衛が商売を始めた、一八五八年(安政五)が創業の年。大正時代に伊藤忠合名になり、その営業部門が分割されて一九一八年(大正七)伊藤忠商事が設立されました。四一年(昭和一六)に丸紅商店などと合併し三興《さんこう》を設立、三年後に他社と合併して大建産業となり終戦を迎え、四九年に大建産業から分離し、現社名になりました。

太平洋戦争前は、丸紅商店、東洋棉花、日本綿花、江商と合わせて関西五綿と呼ばれ、当時の先端産業を構成した綿紡織企業と一体になって、日本の近代工業化を推進しました。戦後は、復興の中心であった繊維製品の貿易取引を積極的に展開しつつ、非繊維部門を拡大して総合商社に発展しました。特に中国との取引では、総合商社で初めて友好商社に指定されるなど、積極的な展開を見せていました。

かつては第一勧業銀行の融資系列の企業グループに所属していました。しかし二〇〇〇年、みずほホールディングス（現・みずほフィナンシャルグループ）が設立されたのち、中核商社であった伊藤忠商事が事務局を引き継ぎましたが、企業グループとしての活動は活発ではなくなっているようです（池冨他［2017］）。

ビジネスの特色

非資源分野に強い総合商社で、非資源ナンバーワンを標榜してきました。ファミリーマートを、二〇二〇年に非上場子会社化し、本格的に消費者事業に進出しました。中期経営計画「Brand-new Deal 2023」をもとに二二年度には、非資源分野において、食料、建設、金融・保険部門や第8カンパニーなど衣食住領域をさらに伸ばす計画です。資源分野でも、次世代燃料を取り上げるなど、ＳＤＧｓに対応します。

第8カンパニーは、二〇一九年に設立されて、異業種融合・カンパニー横断の取り組みを加速させ、市場や消費者ニーズに対応した「マーケットインの発想」によるビジネスの創造を行う組織です。ファミリーマート関連での新しい動きなどを展開しています。

組織と文化

伊藤忠商事は、「野武士集団」と言われています。非財閥系で、泥臭く攻める社風があるということです。

市場ニーズに迅速・的確に対応した意思決定を行う目的で、一九九七年からカンパニー制度を採っています。八つの営業カンパニーがそれぞれの事業領域において経営の責任を負い、独立会社であるかのように自主経営を行います。

二〇一〇年に社長に就任した岡藤正広（現・会長ＣＥＯ）が、先頭に立って改革を進めてきて、躍進が実現しています。無駄な会議と資料を減らし無駄な残業も禁止、朝方勤務制を導入し、商いの三原則として「かけふ」の考え方も説きました。「か＝稼ぐ、け＝削る、ふ＝防ぐ」の意味であり、攻めの経営の要となっています。また「マーケットイン」や「利は川下にあり」という消費者視点の言葉も強調しています。

近江商人を起源としていることから、企業理念に「三方よし」を掲げています。この三方よしとは、「売り手よし、買い手よし、世間よし」という意味で、ビジネスにおいて、売り手と買い手が満足するのはあたり前で、社会に貢献できてこそよいビジネス、という考え方です。近江商人の活動の理念であるとされています。

企業文化を反映して、二〇一四年には、「ひとりの商人、無数の使命」という企業行動指針も定めています。こうした言葉の数々は魅力的です。

四　住友商事

住友商事は、江戸時代から続く住友グループの中核企業です。戦前にあった不動産関連会社からグループの商事部門として発展し、一九五二年（昭和二七）に住友商事と改称しました。「石橋をたたいても渡らない」とも言われる堅実経営で知られています。

業績

二〇二一年度の純利益は、資源価格上昇、海外スチールサービスセンターや自動車関連事業の好調などにより、四六三七億円（前期は一五三一億円の損失）となっています。前年度は、マダガスカルのニッケル事業の減損損失などの影響で赤字でしたが、一気に黒字化して過去最高益を達成しました。グループの歴史もあり金属製品や機械などに強く、生活・不動産などを含む非資源分野の純利益の比率は五一％でした。ロシア関連では、損失五八〇億円（うち五〇二億円は、三井住友ファイナンス＆リースの航空機リース事業の契約解約による）を計上しています。二二年度にもその可能性はあります。

歴史

住友グループは、江戸時代の別子銅山の銅事業などから発展した歴史を持っていますが、戦前には、独立の商社を持っていませんでした。戦後の財閥解体に伴い、人材の離散を防ぎ雇用を確保し、海外引揚者と家族を援護し、事業を転換して民族と国家の繁栄に資することを目指して、商事部門への進出が決定されました（住友商事「住友の歴史から　住友商事の誕生と成長」）。当初より総合商社を目指していましたが、戦前から重工業に強いグループのなかで、住友金属工業（現・日本製鉄）や住友電気工業などの製品の取り扱いからスタートしたため、鉄鋼・非鉄金属・機械などの比率が高い商社でした。

業容拡大に向けて体制を整備して、一九六二年には、化成品・繊維・物資燃料・不動産なども含む九本部体制となり、七〇年代に総合商社としての経営基盤を確立しました。その後も、住友グループの有力企業として、発展しています。

ビジネスの特色

総合商社としては、歴史的に非資源分野に強みを持っており、資源分野では出遅れ感がありました。資源関連の事業に積極的な投資を進めましたが、価格の下落などで減損損失を生むことがありました。いま、世界的な脱炭素、ＳＤＧｓへの動きを受けて、本来の強みをどのように活かしていくのかが注目されます。

二〇二一年に発表した中期経営計画「SHIFT 2023」では、事業活動を持続可能な社会に適合した姿に転換するためのサステナビリティ経営の高度化の土台の上で、六つの次世代成長戦略テーマを設定しています。まず、①ＤＸによる事業変革と新規事業開発が他のテーマすべてに関わるものです。そして、②新たな電力・エネルギーサービスなどの次世代エネルギー、③途上国のインフラ整備などの社会インフラ、④データ活用による地域社会向けのリテイル・コンシューマー、⑤医療・健康・予防・介護などのヘルスケア、⑥デジタル・テクノロジーを活用した農業、が示されています。

また住友商事の特色ある事業としては、スーパーマーケットのサミット、日本最大のケーブルテレビ企業であるＪＣＯＭなどがあります。ＤＸの時代に、こうした既存事業の発展も期待できます。

組織と文化

住友商事の経営理念・行動指針の原点は、創業以来約四〇〇年にわたって受け継がれてきた「住友の事業精神」にあるとされています。内容は「営業の要旨」として引き継がれており、住友グループの各社で共有されて、「結束の住友」の基盤になっています。

〈営業の要旨〉

第一条　我住友の営業は信用を重んじ確実を旨とし以て其の鞏固《きょうこ》隆盛を期すべし。

第二条　我住友の営業は時勢の変遷理財の得失を計り弛張《しちょう》興廃することあるべしと雖《いえど》も苟《いやしく》も浮利《ふり》に趨《はし》り軽進すべからず。

「信用を重んじ確実を旨と」する、そして「浮利に趨」らず、すなわち、目先の利益を追わない。こうした経営姿勢が、住友グループの事業精神の真髄だとされています。住友商事の堅実経営、「石橋をたたいても渡らない」という組織文化には、こうした歴史の重みがある精神が反映されているのです。

また住友グループには、事業活動の原点である四国の別子銅山を訪問する研修がありま す。住友商事でも、組織を率いるリーダーを対象に、別子銅山を実際に訪問し、歴史を学ぶ研修を継続的に実施しています。研修は住友の事業精神を体感・継承していくことを目的にしており、グループとして社会で果たすべき役割、倫理観などを再確認する機会となっています。

こうした形の社員研修をいまも行っているのは、他の財閥グループにはない特色といえ、「結束の住友」とされる企業風土を生み出す一つの場になっています。

五　丸紅

丸紅は、伊藤忠商事と同じ、江戸時代に源を持つ繊維専門商社が発展してきた、非財閥系の総合商社です。目指す企業風土を個人の行動に落とし込んだ「丸紅スピリット」を掲げており、風通しがよく若手が活躍できる余地が大きいとされています。

業績

二〇二一年度の丸紅の純利益は、前期比九〇％増の四二四三億円と過去最高でした。原料炭・銅・鉄鉱石などの資源や農業資材の価格高騰の影響が大きいです。非資源の稼ぐ力は高まっていますが、当該年度はエネルギーと金属（鉄鋼製品を除く）からなる資源分野の純利益が四七％を占めます（前期は二九％）。食料事業なども好調でしたが、強みを持つ電力は冴えませんでした。一九年度決算では、アメリカやイギリスの石油・ガス事業、アメリカの穀物事業、チリの銅事業などに関連して巨額損失を計上し、連結当期純損失でしたが、業績が飛躍的に回復しています。

今回の決算でロシア事業については、一三四億円の損失を計上しました（うち一〇七億円はロシア向けリース航空機関連）。サハリンⅠ*についても、一一八億円の純資産（その他の包括利益）の減額を計上しています（日本経済新聞［2022B］）。二二年度にも、サハリンⅠについて八〇億円の減額（六月末）と、ロシア向けリース機体について、機体減損二八億円（九月末）を計上しました（浦中［2022］）。

歴史

伊藤忠商事と同じく、江戸時代に伊藤忠兵衛が商売を始めた一八五八年が創業の年です。一九二一年に丸紅商店が設立された後、伊藤忠商事などと合併し三興、さらに大建産業となり終戦を迎えます。四九年に大建産業から分離し、丸紅が設立されたのです。

丸紅も太平洋戦争前は、関西五綿の一角として、日本の近代工業化を推進しました。戦後、繊維製品以外の分野にも事業領域を積極的に拡大して、総合商社に発展しました。

かつては富士銀行の企業集団（芙蓉グループ）の一員でしたが、二〇〇〇年、みずほホールディングスが設立されて、企業グループの色彩は弱まりました。しかし現在も、芙蓉会や芙蓉懇談会の活動があり、丸紅が中核メンバーです（池冨他［2017］）。

ビジネスの特色

丸紅は、他の総合商社と同様に資源分野に強みを持つほか、電力IPP*事業、農業や食料関連など非資源分野にも強みを持っています。

「GC2024 中期経営戦略 2022 - 2024 年度」では、グリーン戦略を前面に出しています。グリーン事業の強化と全事業のグリーン化推進により、グリーンのトップランナーを目指す、というものです。ここでは、既存のグリーン事業の強化・拡大として、再生可能エネルギー、森林・植林事業、アグリインプット事業、銅・アルミ事業、水事業が関係します。そして、新たなグリーン事業の創出としては、新エネルギー、脱炭素ソリューション、環境配慮型食料を展開します。既存事業と新たな事業両方に関わるものとして、分散型電源・蓄電池・需給調整と資源・素材リサイクルを示しています。

なお、電力IPP事業は業界トップクラスの規模で、今回の決算では一過性損失があって業績が冴えませんでしたが、再生可能エネルギー重視の動きのなかで注目されます。

また、次世代消費者向け事業、ビューティー・教育などのウェルネス事業、医薬品・医療機器、医療サービス事業などを展開し、スタートアップ投資も行います。次世代ビジネスの取り組みを本格化するための組織として、次世代事業開発本部と次世代コーポレートディベロップメント本部があり、責任者としてＣＤＩＯ（Chief Digital Innovation Officer）を置いて、組織的なビジネス創造に向けた推進力を発揮しようとしています。

さらに、社内公募型ビジネス提案・育成プログラム「ビジネスプランコンテスト（ビジコン）」などの仕組みを持っており、そこから新しいビジネスも立ち上がっています。

組織と文化

社是は「正・新・和」であり、二〇一三年には社是を原点に、グループの目指す企業風土を個人の行動に落とし込んだ「丸紅スピリット」を定めました。大きな志で未来を築け（「志」）、挑戦者たれ（「挑」）、自由闊達に議論を尽くせ（「論」）、困難を強《したた》かに突破せよ（「強」）、常に迷わず正義を貫け（「正」）、の五つです。特に、「正」という言葉が両方に採用されている点に、組織としての個性があります。企業統治が問われる時代、コンプライアンスの大前提として、「正義」が語られているのは素晴らしいことです。

丸紅は、大手総合商社のなかでは相対的に規模が小さいこともあり、ビジコンなどによって若手が活躍する素地をより数多く用意しているようです。二一年に完成した新社屋は、コミュニケーション、エンゲージメント、効率を軸としてレイアウトが構想されており、新型コロナの時代に適応し、人と人の関係を生み出す場となっています。

六　豊田通商

豊田通商は、二〇〇六年にトーメンと合併することによって、七社の一角となった、トヨタグループ（持分法適用会社*）の総合商社です。

業績

二〇二一年度の純利益は、二二二二億円（前期比六五％増）と過去最高益になりました。自動車生産関連金属の取扱増と市況上昇、自動車事業の取扱台数増加、化学品・エレクトロニクス事業の取扱増などが寄与しています。また、子会社ＣＦＡＯが展開するアフリカ事業についても、自動車販売増加で好調を維持しています。

なお、ロシア関連の大きな損失は計上していません。

歴史

豊田通商は、太平洋戦争前に創立されたトヨタ車の販売金融の会社を前身として、一九四八年（昭和二三）に設立された商社である日新通商が起源です。五六年に商号を豊田通商に変更した、トヨタグループ唯一の商社でした。八〇年代から九〇年代にかけて、トヨタ自動車のグローバル化に伴い世界進出を強化しつつ、自動車関連事業を主軸に成長を遂げていました。

自動車以外の分野への事業拡大を目指し、二〇〇〇年には、戦前からの歴史を持つ貿易会社である加商《かしょう》と合併、さらに、当時の総合商社の一角を占めていたトーメンと、資本・業務提携しました。そして、〇六年にトーメンと合併することにより、総合商社と呼ばれることになったのです。

トーメンは、金属、機械、化学品、食料、繊維など、幅広い領域で事業を展開する総合商社として活躍していました。豊田通商は、トーメンとの業務提携によって、鉄鋼、非鉄金属や繊維機械の事業などを譲り受けたほか、調達と販売ルートの相互活用、物流インフラの共用など、幅広い分野での取り組みを進めていました。業務提携そして合併によって、豊田通商は、過去の自動車分野中心の事業展開から、化学品、食料などを含む非自動車分野に事業領域を拡げました。

さらに二〇一二年には、アフリカに強みを持つフランスの商社CFAOに投資を行い、一六年に完全子会社化しました。CFAOは、モビリティ、ヘルスケア、消費財、電力・インフラ・テクノロジーの四事業を展開する商社です。

ビジネスの特色

二〇二二年に発表した「二〇二五年三月期中期経営計画」では、本来の事業分野（オーガニックビジネス）に、四つの重点分野を加えました。①ネクストモビリティ、②再生可能エネルギー、③アフリカ、④循環型静脈事業です。本来の事業分野では、スマートファクトリ（生産事業体）とECプラットフォーム（機械設備常備品）が示されています。前者では、金属加工などのデジタル化・データ化による競争力向上、そして低コスト・省力化を進めます。後者は、グローバルでの調達最適化と物流・サービスの高度化を図ります。

四つの重点分野のうち、①では、EV増加を見すえて電池サプライチェーンでの事業領域を拡大します。②では、安定・安価なカーボンニュートラル・エネルギーの供給やインフラ構築を図り、再生可能エネルギー事業者競争力ナンバーワンを目指します。③では、四つの領域で潜在する成長を引き出すことに注力します。④では、リサイクル事業により、脱炭素化ソリューションの提供を進めます。

脱炭素化が重要性を増す時代、電気自動車専業のテスラが大きく伸び、自動運転など最先端の技術対応も求められ、グーグルやアップルあるいはソニーなども自動車事業に進出しようとしています。これは、自動車産業の周辺で、数多くの新しいビジネスが生まれてくるということを示します。ここにこそ、トヨタグループの一員としての総合商社である豊田通商が、独自にその立ち位置を活かしてビジネスを創造するチャンスがある、そのことは確実であると思われます。

組織と文化

二〇一六年に策定したGlobal VISIONは、社長の貸谷伊知郎《かしたにいちろう》が言うように、あるべき姿として「Be the Right ONE」を掲げて、「独自の価値創造を追求し、かけがえのない存在となることで、お客さまや社会から選ばれ続ける会社になることを目指」すものです。そしてそこでは、世界をリードする「サーキュラー・エコノミー（循環型経済）・プロバイダー」になろうとします（同社ホームページ「社長ごあいさつ」）。

また中期経営計画で示されている「土台：豊通らしさ」は、安全・コンプライアンス、現地・現物・現実、チームパワー、商魂、リーンな経営です。*ここで明示されている現地・現物・現実つまりいわゆる「三現主義」は、トヨタ自動車だけでなく、本田技研工業、花王などでも重視されてきた原理原則であり、後述するように三井物産会長であった飯島彰己も仕事の基本としています。この「豊通らしさ」は、日本の誇るモノづくりから得られた思考であり、総合商社としての豊田通商の組織を支えています。

七　双日

双日は、わが国で総合商社と呼ばれている企業のなかでは、もっとも小さい存在です。しかしその歴史は古く、明治時代に源流を持っており、独特の強みを持っています。小さいがゆえに、一層積極的に独自性を情報発信しているようです。

業績

二〇二一年度の純利益は、金属・資源・リサイクル本部の石炭市況の上昇、化学本部の合成樹脂取引の増加やメタノール価格の上昇、自動車本部の海外事業の販売台数増加などにより、八二三億円（前期比三・〇倍）と、双日発足以来の最高益を記録しました。金属・資源・リサイクル本部（純利益の四一％）と化学本部（同一五％）が、利益の多くを稼ぎ出しています。

ロシア関連では、三〇億円の損失を計上しました（日本経済新聞［2022A］）。二二年度にもマイナスの影響を見込んでいます。

歴史

双日は、ニチメンと日商岩井が、二〇〇四年に合併して誕生しました。

ニチメンは、明治期に創業した、綿花の海外からの調達を目的とする専門商社であった日本綿花が、太平洋戦争中に日綿実業と名前を変え、さらに一九八二年（昭和五七）、ニチメンに商号変更したものです。戦後、わが国の輸出の中心は繊維製品であったことから大きく発展し、多角化して総合商社になりました。中国、ソ連、ポーランドなどの共産圏地域に強みを持っていました。

日商は、大正時代に一時最大の総合商社になった鈴木商店が、一九二七年に破綻したのち、貿易部門が別会社として設立されたものです。神戸製鋼所など旧鈴木商店系企業との関係を深めていました。戦後も金属部門に強い商社として発展し、五六年には現在まで続く有力な商権である、ボーイングの対日代理権を獲得しています。

明治時代創立の商社である岩井商店は、太平洋戦争中に岩井産業に商号変更しました。八幡製鉄所の問屋となるなど、鉄鋼・金属に強みを持ち、戦後も発展していました。

日商も岩井産業も、戦後の経済成長のなかで、総合化を進めます。そして一九六八年、同じ事業領域に強みを持つことから、二社が合併して日商岩井となりました。この時期、八幡製鉄と富士製鉄が合併して新日本製鉄（現・日本製鉄）が誕生するなど、産業再編の機運が高まっていたのです。その後、総合商社一〇社体制とされる時代が、安宅産業の伊藤忠商事への吸収合併（七七年）まで続きました。

しかしニチメンと日商岩井は、一九九〇年代のバブル崩壊やアジア経済危機などのなかで、業績が低迷し財務体質が悪化していました。そこで事業の統合を進め、両社は二〇〇三年にニチメン・日商岩井ホールディングスを設立し、翌年に双日が発足したのです。

ビジネスの特色

二〇二一年に発表した「中期経営計画 2023〜Start of the Next Decade〜」のなかで、二〇三〇年における目指す姿として、「事業や人材を創造し続ける総合商社」を掲げています。注力する事業領域としては、①インフラ・ヘルスケア、②成長市場×マーケットイン志向、③素材・サーキュラーエコノミーがあります。

まず、①関連では、アメリカの省エネサービス事業、中東の天然ガス事業、オーストラリアの病院施設運営などを展開しています。②関連では、ベトナムの最大手乳業メーカーとの協業、外食企業のロイヤルホールディングスとの資本提携などを進めました。③関連では、ブラジル企業と一〇〇%バイオマス由来のポリエステル原料製造に向けた合弁会社設立に合意するなど、脱炭素社会に向けて動いています。

さらに、源流の一つ日商岩井が「航空機の日商岩井」と言われた歴史的な経緯から、ボーイングとの長い取引関係は有名で、航空機取扱実績は国内シェアトップです。

組織と文化

それまで長い歴史を持っていた総合商社二社が、約二〇年前に合併してできた会社です。源流企業の起源は古いのですが、この組織自身の歴史はこれからです。

そういう背景もあり、双日は広告活動に熱心なように見えます。たとえば、発想で新たな価値を創造しビジネスとして実現する会社というメッセージを込めた、ユニークな企業広告「Hassojitz（ハッソウジツ）」を、テレビ・新聞や電車内などで展開しています。

それとともに二〇一九年度、「Hassojitz プロジェクト」という新規事業コンテストを立ち上げました。社員からアイディアを募り、優秀な発想については、社内で事業化に向けた検討を進めるものです。すでに立ち上がった事業も出ています。

社長の藤本昌義は、二〇二二年四月の新入社員向け挨拶で、「能力とやる気溢れる社員には、年齢に関係なく挑戦する機会を与える、そういう風土」があると強調しました。また女性を戦力として活用する姿勢が明確で、新入社員は半数以上が女性でした。

第三章　そもそも総合商社とはなんなのか

一　いつも社会の注目を集める業態

総合商社はなにかと社会の注目を集める業態です。

総合商社とされている七社すべてが、誰でも知っている有名大企業である上に、巨額の利益を上げています。大手五社と豊田通商のように、ほぼ毎年、一〇〇〇億円を超える純利益を上げている企業は、日本に一〇社くらいしかないのです。新聞にも連日のように、総合商社の新しい投資の案件の記事などが出ます。

さらにこの「総合商社」という言葉自体が、一般社会でもある種のいい響きを持っているようです。街を歩いていてもネット上でも時々、〇〇資材の総合商社とか△△機械の総合商社という看板や表示を見かけます。このこと自体が、総合商社という存在のイメージが魅力的であることを反映しているように考えられます。

実際、総合商社の動きには、社会的な注目を集めるものが多いです。第一章で紹介したように、大正時代の米騒動にからむ鈴木商店の焼き打ち、昭和時代のオイルショックの物価高騰に関連した買い占め批判などがありました。また、政治家が関連したロッキード事件*、イラン革命の際のＩＪＰＣプロジェクト*、二〇二二年に入ってからのロシアのウクライナ侵攻に影響を受けるサハリンⅠ・Ⅱ*やアークティックLNG2*など。それだけ社会的に大きなインパクトを与える仕事をしている、とも考えられます。特にエネルギー関連の海外巨大プロジェクトについては、取り組むことができるのは総合商社だけなのかもしれません。ロシアのプロジェクトについては、わが国のエネルギー安全保障上きわめて重要であることから、わが国政府は撤退しない方針であり、総合商社もそれに従う方向で動いています（経済産業省資源エネルギー庁［2022］など）。たとえば、サハリンⅡのLNGは、長期契約によってアジア向けスポット*市場相場の数分の一という安価になっており、それが止まりスポットで代替調達すると、一・八兆円が必要になるという試算もあります（日本経済新聞［2022］）。

ビジネス雑誌でも、時々、総合商社特集がそれぞれ刺激的なテーマを掲げています（『週刊ダイヤモンド』第一〇九巻第二四号、二〇二一年「商社非常事態宣言」など）。

総合商社の従業員の平均年収は、サラリーマンがもらえる金額としては、もっとも高い部類に入っています。上場企業のうち、従業員の平均年齢が四〇代前半の企業（相対的に若手が多い）を対象にした二〇二〇年度実勢にもとづく調査では、トップ三が、三菱商事、伊藤忠商事、三井物産になっていました。そのほか、住友商事六位、丸紅一三位、豊田通商二二位そして双日二四位と、総合商社七社はすべて二五位以内に入っています。野村ホールディングス、ソフトバンクグループなど、そうそうたる企業群のなかでです。総合商社七社は、すべて平均年収が一〇〇〇万円を超えているのです（笠原［2022］）。ちなみに、わが国の給与所得者の平均給与額は四〇〇万円台です。

また大学生の就職人気ランキングでも、常に上位にあります。一般に、頭脳・体力ともにきわめて優秀と考えられる人材を集めているようです。総合商社の新卒採用の卒業大学別の人数を見ると、東大や京大に代表される旧七帝大や一橋大、神戸大、東京工業大、東京外国語大などの有名国立大学、そして早稲田、慶應義塾、上智、青山学院、立教、明治、同志社、関西学院などの有名私立大学が、ほとんどを占めます。多くの人が、一度は名前を聞いたことがある大学ばかり。さらに、大学の体育会系クラブで主将を務めていた人など、体力・気力があってリーダーシップを発揮できそうな人も多いです。

もちろん、総合商社の採用試験に合格するのは大変です。近年、総合商社本社の採用は、中途採用にも力を入れて新卒採用の人数を絞っていて、多くても一社百数十名程度です。それに対して、送られてくるエントリーシートは、数千から一万通超とされています。

ただし入社できれば、定年などで退職した後も、経営手腕やグローバル経験などを買われて関係する会社の役員などになることも多いし、公職に就いたり他の大企業の役員になったりする人もいます。伊藤忠商事の社長・会長を歴任した丹羽宇一郎が、その後二〇一〇年に、民間人として初めて中国の特命全権大使に就任したことは有名です。

また、アメリカの著名投資家のウォーレン・バフェット率いるバークシャー・ハサウェイ（BRK）が、大手総合商社五社の株式に投資したことが二〇二〇年八月に発表されました。五社それぞれに、約一年間をかけて五％を少し超える持分を投資したと発表したのです。株価の動向によっては、最大九・九％まで買い増す可能性も示しました。各社が世界中でたくさん資源分野の合弁企業を経営していることから、傘下に多くのエネルギー企業を持っているBRKにとってもメリットが出てくることも期待しているようです。バフェットの投資方針は、それなりの金額を投資して長期保有することです（Berkshire Hathaway［2020］）。この発表があった日、五社の株価は上昇しました（最大は丸紅株の一時一四％高）。総合商社の株価純資産倍率（PBR）*は他の業態の株式に比べて低いため、本質的な企業価値を下回る価格と見て投資したのでしょう（バリュー投資*と呼ばれる手法です）。アニュアルレポートによれば、二〇二一年末の保有株式上位一五社に入っていた総合商社三社に対する持株比率は、三菱商事五・五％、三井物産五・七％、伊藤忠商事五・六％でした。今後、買い増しの可能性もありそうです。

このように、総合商社は、これまでなにかと社会経済の注目を集める業態でしたし、これからも集め続けるものと期待されています。

二　なにをしているのか理解されない現実とその理由

総合商社がなにをしているのかは、これまで述べてきたように、一見派手で目立つ業態であるにもかかわらず、一般社会からも研究者からも十分理解されていないようです。証券アナリストやマスメディア、そして投資家も深く理解しているのかどうか、疑問な点があります。かつて日本経済新聞の記者も、特に海外の投資家にとって総合商社が見えにくい存在であることを指摘していました（堤・押野［2017］）。

総合商社の株価は高く評価されていません。バフェットの投資について説明したように、PBR*が低く、二〇二二年九月三〇日時点でも、伊藤忠商事以外は一・〇〇未満。PBRは、会社の純資産つまり解散価値*に対する株価の比率で、理論的には一・〇〇が株価の下限であるとされています。つまり、総合商社の多くは、万が一会社として解散した場合に残る価値よりも、株価が低いのです。このPBRは株価による影響を大きく受ける指標です。株価は、その企業の将来性、成長への市場の期待を反映します。つまり、PBRが一を超える伊藤忠商事以外の総合商社六社の成長への期待はあまり大きくない、ということです。総合商社六社は、有効な投資機会がないので資金を配当に回していると見られてい

総合商社７社などのPBR

（2022年９月30日）

総合商社	PBR	比較対象企業	PBR
三菱商事	0.76	トヨタ自動車	0.94
三井物産	0.82	ソニーグループ	1.66
伊藤忠商事	1.13	キーエンス	5.19
住友商事	0.64	日本電信電話	1.62
丸紅	0.84	アップル（アメリカ）	38.22
豊田通商	0.84	アマゾン（アメリカ）	8.76
双日	0.61	アルファベット（グーグル：アメリカ）	4.91

出所：IRBANK（日本株）、YCharts Inc.（アメリカ株）

るかもしれず、高配当の割に投資家に人気がないのです。日本を代表する時価総額の大きな企業のＰＢＲと比べてみても差があります。ただし、わが国企業のＰＢＲは一般に低く、アメリカを代表する企業と比較しても、その傾向があります。

　現実には、総合商社各社は、決算発表のたびに詳細な情報発信をし、毎年の統合報告書*を発行するほか、雑誌やビジネス書、さらにテレビドラマ、小説などでも取り上げられています。各社それぞれ、成長期待を高めるような経営戦略を発表しているのです。それなのに、投資家には人気がいまひとつで、株価が冴えないのが現実です。

　その理由としては、総合商社の展開する事業領域の広さがありそうです。実際の事業展開は、石油・石炭やＬＮＧなどの資源、鉄鋼や化学品などの素材、都市開発からプラント、自動車、情報通信、ＤＸ、ＣＶＳ、はては中古スマホなど、きわめて幅広くなっています。異なる業種の事業の集合体であるコングロマリット*であると理解されているのです。確かに取り扱う商材だけを見ると、ハードからソフトまでまったく異なる領域のもので、伝統的な商売であるモノの売買を中心に見てしまうと、なにをその本質的な機能としているのか、外からはよく分かりません。

さらに、ファイナンスの世界にコングロマリット・ディスカウント*という言葉があり、こうしたコングロマリット企業はマイナスの評価をされることがあります。特に物言う株主の時代には、評価されにくい面もあると考えられます。

またそもそも、「商社」という言葉自体が、あいまいです。既述のように、大手商社は、総合商社七社を意味しています。それでは、総合商社とは単に規模が大きい商社のことなのか。さらに、いくつかの産業分野の専門商社、たとえば鉄鋼商社、食品商社などの多くは、総合商社の商取引部門が独立してできています。つまり、かつての総合商社の機能の一部を外に出して担当しているのです。また事業によっては、親会社としての総合商社自身も、商取引を行います。そして、過去多くの場合、この「商」という概念で総合商社の仕事も見られてきており、日本標準産業分類*でも卸売業に分類されています。さらに、商社業界の研究書籍なども、総合商社と専門商社の境目を明確に説明してはいません。専門商社の働きとの違いは、機能の本質を整理しないと説明できないのです。

いまでこそ、総合商社はCVSの経営など、生活消費関連ビジネスに乗り出していますが、CVSの社名に伊藤忠商事などの親会社名は含まれていません。典型的にはB2B*の仕事を行っていて、一般消費者から見えにくいのです。

さらに、日本にしかない業態であることから、海外投資家も目を向けにくいようです。英語の企業名を見ても、三菱商事は、Mitsubishi Corporation であり、そこにビジネスの内容を示す言葉は入っていません。

格付け会社も、世界に類のない業態としての評価手法を採用しています。アメリカの格付会社ムーディーズは、主として農産物、エネルギー、金属を取り扱う商社をコモディティ商社と呼んで、総合商社と区別しています。そこでは総合商社が、単なる商取引の仲介にとどまらず、川上事業に直接投資を行っていること、生産・サプライチェーンのプロセスで商品・サービスの付加価値の向上に努めておりロジスティクスを提供していること、巨膨大な情報収集と情報ネットワークを活用してグローバルな活動を展開していること、巨額な投資を迅速に行う能力を持つことなどを、特色として列挙しています（Lewis and Rogers［2016］）。

総合商社のなかで働いている人にとっても、その人自身は、ある特定商材の営業担当であったり、経理、財務、法務、IRなどの担当であったりして、巨大組織が全体としてなにをしているのかを十分理解して説明することは、容易ではないのかもしれません。

三　総合商社と商取引

総合商社は、歴史的には貿易商社から発展した業態です。すでに述べたように、戦前から存在する総合商社も戦後発展した総合商社も、かつては貿易取引あるいは国内取引を含む商取引（トレーディング・trading）を中核的な収益源としていました。したがって、一般に用いられている英語の表現も、general trading company であり、商取引の会社と表現されています。

またこの商取引は、主としてB２B*、つまり、メーカーなど製造加工用に商品を用いる企業に販売する取引です。たとえば、かつての総合商社の重要ビジネスであった大手化学品メーカーとの取引などがその典型です（コラム４）。そこでは、国内の化学品メーカーの総代理店として、化学品専門商社を経由して、最終的な製造加工を行う電気電子メーカーや包装材メーカーなど幅広い業界の企業に向けて、化学品を販売していました。

いまでこそ、総合商社が直接ＣＶＳ事業に参入して、子会社でB２C、つまり一般消費者対象の商取引を展開していますが、やはり今でも商取引の中心はB２Bです。

そのことを反映して、総合商社は、産業分類でも、「各種商品卸売業」として商品の仕

総合商社７社の利益構造

（2021年度平均値）

	営業利益	投資による利益				
		A受取配当金	B持分法投資損益	C有価証券損益	A+B	A+B+C
金額（10億円）	404	73	227	51	300	351
営業利益に対する比率（%）	100.0	18.2	56.2	12.6	74.4	87.0

出所：各社有価証券報告書をもとに筆者作成。

入卸売を行うものとされています。

総合商社の二〇二一年度決算を見ても、利益構造は変化していますが、連結決算ベースではまだＢ２Ｂを中心とする商取引による営業利益が大きな比重を占めています。毎期安定的に計上されるわけではない有価証券損益を含む投資による利益も、七社平均で営業利益の八七％を占めていますが、営業利益を超えるほどの大きさにはなっていません。いまもなお、連結決算ベースでは、総合商社にとり、商取引は大きな重要性を持っているのです。

ここでカギになる言葉としての「商」は、後述するように本来、広くビジネス、営利行為一般を意味する言葉のはずです。しかし多くの場合の理解として、生産者と消費者の間に立って売買を行う流通と周辺の活動、いわゆる商業を意味する言葉としての色彩が強いように見えます。学問領域の「商学」についても、そうした意味でこの言葉が用いられているようです。

商品を買ってきて売る活動を行う商人については、歴史的にも、いいイメージだけが持たれてきたのではありません。ただ単に商品を右から買ってきて左に流すだけで、濡れ手に粟の利益を得ているようなイメージを持たれているかもしれないのです。

テレビや映画などの時代劇で、典型的なシーンがあります。（商人）「お代官様、これはほんのお気持ちでございます（と、最中の入った箱を手渡す）」、（代官）「そうか（と、箱を開けると、最中の下に黄金色の小判がぎっしり）。○○屋、お主もなかなかの悪よのう…」、というようなシーンです。この言葉をかけられる悪徳商人の姿は、社会の一部で持たれている悪い商のイメージがそのまま凝縮されているように見えます。それが、商人あるいは商業に対する社会一般の印象のある部分として固定しているのかもしれません。

さらにわが国の産業政策として、経済産業省が常に「ものづくり」を強調し続けてきたことも、商に対するイメージを軽くしてきたものと思われます。目に見えるモノを作っている産業が、目に見えない商取引というビジネスを行う産業よりも大切である、と言っているようにも聞こえるのです。

第一章「総合商社の歴史といま」のなかでも紹介しましたが、一九六一年に御園生等が、雑誌『エコノミスト』に「総合商社は斜陽であるか」と題した論文を発表し（「商社斜陽論」）、注目を集めました。ここでは、世界でもわが国でも経済学の一つの潮流をなしたマルクス経済学において、「商業は産業資本が生み出した価値の一部の分配にあずかっている」、「商業自身は付加価値を生むものではない」と理解されていたことが背景になっていいます。商社斜陽論自体は、その後の総合商社の発展によって注目されなくなってしまいましたが、こうした見方が根強く一般社会に残ってきたことも事実でしょう。

また米国の玩具量販店であるトイザらスが、一九八〇年代の終わりころ日本に進出した際、仕入において、卸売業を経由せずに製造業との直接取引を追求することによって、卸売業を中抜きすれば効率化を図ることができる、というメッセージが示されました。

このように、商・商業・商取引などの言葉は、見る人にもよりますが、価値がないとか効率化を妨げているなど、ある程度悪いイメージを植え付けられた言葉になっているように見えます。

しかし実際の商取引は、単に電話・メール一本で商品を右から左に流してお金を儲けている活動ではありません。利益獲得のために、情報を把握し組織内で共有して、物理的な輸送や保管を行い、保険をかけ、販売先への与信を管理して商社金融*と呼ばれる支援も行う。ビジネスの基本である顧客満足を徹底して追求する。このように、実質的な機能はたくさんあり、きわめて重要な役割を果たしているのです。商取引の重要性は、インターネットの時代になり、アマゾンなどのネット販売企業が隆盛を極めるいまの時代になっても、まったく変わっていないものと思われます。

四　本来の総合商社の機能は商取引だけではない

言葉としての「商」は、今も昔も、広くビジネス、営利行為一般を意味する言葉です。なにより、わが国の商法・会社法の商行為や商人の定義が、そのことを明確にしています。商法・会社法では、広く営利行為つまり利益を得るためにする行為を、商行為としています。この商行為には、メーカーが行う製造加工や販売も該当しますし、総合商社が行ってきた商取引における代理人としての行為なども含みます。

さらに、「商社」という言葉は、わが国では江戸時代に使われ始めたものですが、その当時には、英語の「company」つまり「会社」の翻訳であったとされているのです。

このように、「商」あるいは「商社」という言葉の持つ意味は、本来、単なる商取引あるいはそれを行う主体として、狭く解釈されるべきではないのです。

そうすると、総合商社の機能を考える場合、この業態を商、商社あるいは商業という言葉にとらわれすぎて、主として商取引を行う企業、卸売業者として見ては、本質を理解できないことになります。商法が規定しているように、商人とは、リスクを取って市場において営利を目的に活動を行う主体であり、その活動はビジネスそのものなのです。

商法・会社法の商行為が意味する範囲は広い

・商法第４条（定義）
第１項　この法律において「商人」とは、自己の名をもって商行為をすることを業とする者をいう。

・商法第501条（絶対的商行為）
次に掲げる行為は、商行為とする。
一　利益を得て譲渡する意思をもってする動産、不動産若しくは有価証券の有償取得又はその取得したものの譲渡を目的とする行為
（筆者コメント）一般のメーカーは、この行為をしているとされています（判例）。
二　他人から取得する動産又は有価証券の供給契約及びその履行のためにする有償取得を目的とする行為
（筆者コメント）この商法第501条一・二が、典型的な商取引を記述しています。

・商法第502条（営業的商行為）
次に掲げる行為は、営業としてするときは、商行為とする。ただし、専ら賃金を得る目的で物を製造し、又は労務に従事する者の行為は、この限りでない。
十二　商行為の代理の引受け
（筆者コメント）商取引における代理人としての行為も商行為です。

・会社法第５条（商行為）
会社（外国会社を含む。次条第一項、第八条及び第九条において同じ。）がその事業としてする行為及びその事業のためにする行為は、商行為とする。

出所：筆者作成。

　またここで確認しておきたいことは、総合商社がその本質的な機能として社会経済に提供しているのは、商取引というサービスを行うことではない、ということです。核になるのはビジネスを創る仕事です。このことは本書の主題でもあり、これから詳しく説明していきます。商社と呼ばれ産業分類でも卸売業に分類されているからといって、総合商社の活動を商取引に重点を置きすぎて解釈することは間違いです。

　総合商社はかつて、メーカーが生産する製品の一手販売権*を得て、いわゆる商権*ビジネスの商取引を展開することが多くありました。コラム４で記述する取引です。

ここでいう商権ビジネスの典型とされていたのは、わが国の高炉メーカー（新日本製鉄〈現・日本製鉄〉など）が生産する鉄鋼の国内取引でした。総合商社が担当していた鉄鋼の商権ビジネスは、「紐付き商売」と呼ばれていました。この紐付き商売とは、総合商社の商取引ではありますが、高炉メーカーと販売先のユーザー企業（たとえば、トヨタ自動車などの自動車メーカー）が価格・納期・決済条件などについて直接交渉してすべて決定し、製品も高炉メーカーからユーザー企業へ直接輸送される取引です。商取引としては総合商社を通るのですが、実質的には与信リスクを取り、資金決済の期日の差に対応する商社金融*を提供するくらいしか機能がないのです。販売先のユーザー企業が大手自動車メーカーなど大企業の場合は、資金繰りには困らないので商社金融は不要ですし、実質的に与信リスクはありません。結果として、単に取引の伝票作成などの事務処理を行うだけしか働きがないことになります。紐付き商売とは、この商取引の形態を表現した言葉です。この取引によって総合商社が得るコミッションは、「眠り口銭」と呼ばれていました。その意味は、なにもしないで「眠っていても」手に入る口銭、という意味です。

したがって、この取引の形態だけを見ると、総合商社が存在意義を疑われることもやむをえないのです。しかし、ここで考えるべきなのは、なぜ総合商社が、そこだけに着目すると、なにもせず（眠ったままで）利益をむさぼっているように見える取引形態を実現することができたのか、なのです。

また、現在の総合商社の利益構造を見ると、商取引から得られる営業利益は重要であるとしても比重が小さくなりつつあります。そして、総合商社本社の二〇二一年度決算（個別決算）を見ると、七社中五社が営業損失を計上しているのです。つまり、多くの場合、総合商社本社は、商取引で利益を得てはいないのです。商取引の現場は、子会社や関連会社など本社以外の場に移しているのです。

これらの事実をふまえると、総合商社が持っている本質的な機能、本社が持っている機能を、単なる商取引の主体としてのものと理解することは、真実の姿を見失うことにつながると分かるはずです。

最初の総合商社とされている旧・三井物産が一八七六年（明治九）に設立されてから約一五〇年間、存在し続けてきたこの業態が社会経済に提供している機能、働きの本質はなにか。明治時代の産業革命や太平洋戦争後の経済復興を、どんな機能を果たすことによって支えてきたのか。長い歴史のなかで、なにが変化してなにが変化していないのか。そのことを理解する必要があるのです。

本書では、新しい理論的枠組みを用いて、従来の狭い商概念を取り払って、機能の本質とはなにかを明らかにしていきます。

五　総合商社は日本独自の存在

総合商社は、日本独自の存在であるとされています。それでは、この業態は一体なにをすることをなりわいとしているのでしょうか。

一般に総合商社とは、次のような特徴を持つ巨大な企業と考えられます。

・取扱商品が多岐にわたり、法的に禁止されているもの以外、特に制限がない。いわゆる業法（銀行法、郵便法など、特定業種の営業の自由を公共の福祉のために制限する法律）がなく、ビジネスの自由度が大きい。

・国内・海外に多数の支店・出張所・子会社などを持ち、取引方法も、国内、輸出入、三国間（外国間）にわたる。

・ビジネスを行うための機械・技術・原材料などを産業に提供し、産業が生み出す製品・サービスの市場を開発して販売するオーガナイザーとして働く。そのために、ほとんどの事業において、他の企業（パートナー）と「組んで」展開する。

・事業投資や融資を通じて、一手販売権*（商権*）の獲得、中小企業の組織化、子会社・関連会社の株式保有などを行う。金融機関あるいは持株会社のような性格を持つ。

・グローバルな取引活動に対応できる高度な人材を集めて、ビジネス展開を管理するシステムを構築している。

なお海外においても、総合商社的な企業は存在してきました。ヨーロッパ人が世界に進出した一五世紀の大航海時代以降、独占権を得て貿易を行う東インド会社などの多国籍商社が生まれます。特にイギリス商社は、棉花の輸入や綿製品の輸出などを通じて、一八世紀の産業革命に貢献しました。彼らは、幅広い商品を取引する貿易業の他に、貿易金融、外国為替取引や融資などを行う銀行業を営み、設備投資の実施により製造業にも進出しました。また貿易の補助的なビジネスを他社に委託することができない場合には、保険業・海運業といったサービス事業を自社で提供するなどにより、多角化していきました。

著名な多国籍商社としては、東インド会社を起源としてイギリス人によって創立され、日本の明治維新にも多少の関わりがあった、ジャーディン・マセソン（Jardine Matheson）商会があります。創業後二〇〇年近くを経た今も、香港に持株会社オフィスを置き、株式をシンガポール証券取引所に上場しており、規模的にも総合商社に近い存在です。中国と東南アジアを中心に、不動産、自動車、小売や飲食、ホテル、建設などの事業を幅広く展開しています。

こうした外国貿易商社の姿は、明治期のわが国の貿易商社の働きとも重なり、総合商社の源流の一つのイメージを作るものとしてとらえることができます。

ただし、総合商社に近い姿を持っていたイギリスの多国籍商社は、多くが一九七〇年代から姿を消すか専業化していきました。機関投資家がコングロマリット的な複合企業を評価しないこと、ファミリー企業が多く経営管理面で弱みがあったことなどが理由です。たとえば、一九世紀創業で貿易業と海運業を営み、茶栽培、保険など幅広い事業を展開していたインチケープは、現在、世界各地で展開する自動車専門商社に転換しています。

またかつては、海外で総合商社的な企業を作ろうとする動きがありました。韓国では、政策として総合貿易商社を育成しており、ポスコインターナショナルやサムスン物産などがあります。財閥グループの総合商社として発展しており、わが国の総合商社に比べて規模は小さいですが近い存在です。またアメリカは一九八〇年代、双子の赤字（経常収支と財政収支の赤字）に苦しみ、日米貿易摩擦が激しかった時期に、経常赤字の是正策として、輸出商社法を制定しています。大手小売業のシアーズ・ローバックや大手電機メーカーのGEなどが輸出商社を設立しました。しかし経済における輸出の役割が相対的に小さいこともあり、大きな成功には至りませんでした。

こうしたことも考え合わせると、なぜこの業態が日本で発展し現在に至っているのか、理由の一端が分かります。

わが国が資源の少ない島国であり、経済的に発展しようと思えば、海外から資源を輸入して国内で加工し輸出するという加工貿易をするしかなかったこと、その際に国際ビジネスの経験や知識が国全体で乏しく専門組織が必要だったこと、明治時代や太平洋戦争後は、メーカーに余裕がなかったために市場開拓や販売活動を外部商社に任せるのが効率的だったこと、などがあると言えます。

なお既述のように、ムーディーズは二〇一五年に手法を修正し、「総合商社」という独立の対象として格付を付与し始めており、世界的にこの業態の独自性が認められたものと考えられます。

このようにわが国の総合商社は、日本でしか大きく発展していない独特の存在です。その活動は、「ラーメンからミサイルまで」や「ミネラルウォーターから通信衛星まで」などと表現されてきました。活動をおおまかに見ると、国内外に広がる組織ネットワークを持ち、多種類の商品・サービスを取り扱い、グローバルに色々な組織と連携し、金融機関あるいは持株会社的に巨額のカネを動かす。そのために社内に、高レベルの人材とグローバルな管理システムなどを確保して稼働させているのです。そうした総合商社の機能は、八つにまとめることができます（第五章三で詳述します）。

六　ビジネスモデルとはなにか

総合商社の本質的な機能とはなにかを考える前に、ビジネスの仕組みとして理解されている言葉、「ビジネスモデル」とはなんなのかを、考えてみましょう。一般には、定義がややあいまいなまま使われているようです。

この言葉は、一九九〇年代、IT（Information Technology）産業がインターネットの普及とともに大きく発展し始めたころから、アメリカを中心に使われるようになりました。日本においても、二〇〇〇年ころ、知的財産権の世界でビジネスの方法がビジネスモデル特許として認められるようになり、この概念を研究する学会もできて、広く使われてきました。ただし、ビジネスモデル特許として認められている事例の多くは、ITの活用を前提にしたビジネスの方法です。ここでは、ITの活用に関連する方法に限定することなく、広くビジネスの仕組みとしてこの言葉を考えます。

総合商社については、その経営者や現場社員、研究者などから、機能を表現する言葉として、ビジネスモデルを創る、商売の仕組みを作って動かすなど、コンセプトとしての表現が出てきています。たとえば、ビジネスモデル特許が認められ始めた当時の、丸紅経済研究所副所長は次のように述べています。

ここで「仕組み」とは、いわば商社が利益を生み出す仕組み、すなわちビジネスモデルである。（中略）商社が提供するのは基本的に「仕組み」である。商社にとって、モノやサービスの取引は、あくまでも仕組みを作った結果として生じるものなのである。

（柴田［2004］一三八頁）

機能の本質を鋭く突いた的確な表現です。カギになるのは、「仕組み、すなわちビジネスモデルである」、「商社が提供するのは基本的に「仕組み」である」、そして総合商社の商取引が「仕組みを作った結果として生じるもの」と明確に記述している部分です。

ビジネスモデルつまりビジネスの仕組みは、研究者の示す定義を参考にして、ビジネスシステムと収益モデルからなると考えます。ビジネスシステムとは、商品・サービスさらに価値を顧客に届けるまでのビジネスのリアルな仕組みを意味します。収益モデルとは、主として収益を上げるためのお金の流れの形式です。

ビジネスモデルとはなんなのかを具体的に示すために、江戸時代の三井越後屋呉服店が始めた当時としては新しいビジネスの仕組みについて、見てみましょう。

現在の三井グループの源流は、一六七三年（延宝元）に、三井高利《みついたかとし》により江戸で開業された三井越後屋呉服店（越後屋、現代の三越）にあります。

ここで、江戸時代に三井高利が始めた、当時としては画期的なビジネスの仕組みが、ビジネスモデルを創るとはどういうことなのかを、はっきりと示しているのです。

三井高利は伝統的な商売の方法に対して、新しい仕組み、つまりビジネスモデルを考案して実行しました。それは高利がかかげたスローガンである「店前現金無掛値《たなさきげんきんかけねなし》」に表現されています。

ビジネスシステムとして重要な「店前」とは、日本橋の越後屋の店舗で販売することです。それまでの見世物商いや屋敷売りと異なり、顧客に店頭まで足を運んでもらうわけで、呉服店としては手間とコストの削減が可能となります。また呉服業者間では禁じられていた「切売り」も行いました。当時は、一反*単位の取引が常識で、他の呉服店では一反から売っていたものを、顧客の要望に応じて反物を小さく切って販売しました。さらに「仕立て売り」つまり即座に仕立てて顧客に渡す、現在のイージーオーダーに相当する方法も実行しました。その結果、顧客は生地や着物を買いやすくなります。

収益システムとして創造された「現金無掛値」とは、掛売りではなく現金で顧客に支払ってもらうということです。これによって越後屋は、高い掛値ではなく正札《しょうふだ》、つまりよ

三井越後屋のビジネスモデル創造

	呉服の受渡方法 （ビジネスシステム）	代金の支払方法 （収益モデル）
当時の慣習的な呉服商売	・見世物商い：前もって顧客の注文を聞いておいて後に品物を持参する。 ・屋敷売り：直接商品を顧客先に持参して売る。	・盆・暮れの二回払い：最大で半年程度の与信を与える。 ・年末のみの極月払い：最大で１年に近い与信を与える。
三井越後屋の新しい呉服商売〈新しいビジネスモデル〉	店前現金無掛値	
	・「店前」：日本橋の越後屋の店舗で販売する。顧客に店頭まで足を運んでもらう。 ・呉服業者間では禁じられていた「切売り」や、「仕立て売り」も実行した。	・店舗での現金支払のみ。 ・掛売りではない（正札販売）。

〈問題〉
- 資金の回転が悪い。
- 貸倒リスクや与信期間の金利負担が大きい。
- 価格が高くなる。

〈企業の価値〉
- 受渡の手間とコストの削減。
- 資金の回転がよくなる。
- 貸倒リスクや与信期間の金利負担がない。

〈顧客の価値〉
- 価格が安くなる。
- 少額で買えるし、すぐに着ることができる。

出所：諸資料をもとに筆者作成。

り低い価格である定価を書いた札をつけて呉服を販売します（定価制、世界初の正札販売とされています）。この仕組みは同時に資金の回転を早め、貸倒リスクや金利負担も軽減することによって、財務的に大きな成果を実現しました。顧客も切売りを含めて、安価に買い物ができ満足します。

　こうしたビジネスモデルを創造することによって、越後屋は、当時富裕層だけのものだった呉服を、広く一般庶民の手に入りやすいものにし、成功を収めたのです。そして現代に続く三井グループの源流となりました。

　ビジネスモデル創造の大きなインパクトを示すいい事例です。

七　総合商社のビジネスモデルとは

　総合商社が提供するのは、基本的に「仕組み」すなわちビジネスモデルです。総合商社が果たしている機能の本質、この業態でなければ実現できない独自の働きを考察する場合、総合商社自身のビジネスモデルを明確にする必要があります。

　総合商社は、多くの事業を、パートナーとなる企業と「組んで」あるいは「連携して」展開します。新聞発表などで紹介される動きを見ると、そのほとんどが「○○商事は▲▲社と「組んで」新規事業を展開する」といった表現です。本書ではこのパートナー企業を、総合商社自身の「顧客（企業）」として位置づけています。つまり、総合商社は、顧客と一体になって新しいビジネスモデルを構築して価値を共創し、その上で自社の収益モデルを稼働して収益を得るのです。伊藤忠商事の岡藤正広会長CEOも社長時代、「お取引をしている会社の業績、企業価値を上げることを通じて自分たちがビジネスをする」と述べています（河野［2017］七頁）。

　したがって、顧客企業との企業間関係を前提に働きの全体像を見ないと、総合商社の機能の本質は見えません。ここでは、総合商社自身のビジネスの仕組み（ビジネスモデル）を、企業間関係に着目して「企業システム」と呼びます。

総合商社の企業システムも、ビジネスシステムと収益モデルから構成されています。このビジネスシステムは、顧客との関係にもとづいて総合商社が価値を共創する仕組みです。総合商社と顧客企業との関係を中心に、他の企業に及ぶネットワークまでを含んで、ビジネスモデルを構築します。総合商社自体の収益モデルではなく、そのビジネス自体の収益回収方法である収益モデルが含まれることもあります。

顧客と一体になって共創された価値をもとにして、総合商社自体が対価としての収益や利益を獲得する仕組みが、総合商社の収益モデルです。構築されたビジネスモデルの上で、総合商社が実際にお金を獲得する仕組みとしてとらえることができます。

なお、総合商社が直接に財務的な収益と利益を獲得する仕組みである収益モデルのバリエーションは、多くありません。歴史的には、商品（モノ）やサービスの流れの間に立って代理人として行う他人勘定取引の売買金額と、自社でリスクを取って売買を行う自己勘定取引による売上高を合わせたものが、商取引による取扱高*としてとらえられていました。いまは、この他人勘定取引における利益分の口銭（コミッション）または差損益の相当額と、自己勘定取引による売上高を合わせて、「収益」として認識しています。加えて、口銭・差損益相当額と自己勘定取引における売買差益が、「売上総利益（粗利益）」として認識されます。近年はこの商取引による利益の比率は縮小しており、投資による利益が比重を増しています。投資においては利益（または損失）を見ます。総合商社自体の収益モデルは、売上総利益から生まれる利益（営業利益）と事業投資による利益、二つの利益を獲得する仕組みです。

もちろん、実際のビジネスを分析する場合、ビジネスシステムと収益モデルをはっきりと二分してとらえることはできません。江戸時代の三井越後屋の例でも、ビジネスシステムと収益モデルの双方が混然となって働き、顧客の満足を生み出していました。

総合商社は、ビジネスを創造するために、パートナーとしての顧客企業と一体となり、ビジネスの仕組みであるビジネスモデルを創り上げ、その上で財務的に対価を回収する仕組みである自社の収益モデルを稼働し、収益・利益を得る存在です。そこではビジネスシステムが中心ですが、創造されるビジネス自身の新しい収益モデルが含まれることもあります。その全体を、総合商社の企業システムと呼ぶことにしたわけです。

これまで紹介してきた話を、コラム1の三井物産の清国向け輸出の事例をもとにして、簡単に整理すると次のようになります。

・ビジネスシステムを創る

①品質向上とマーケティングの支援

明治時代の三井物産の清国向け綿製品輸出

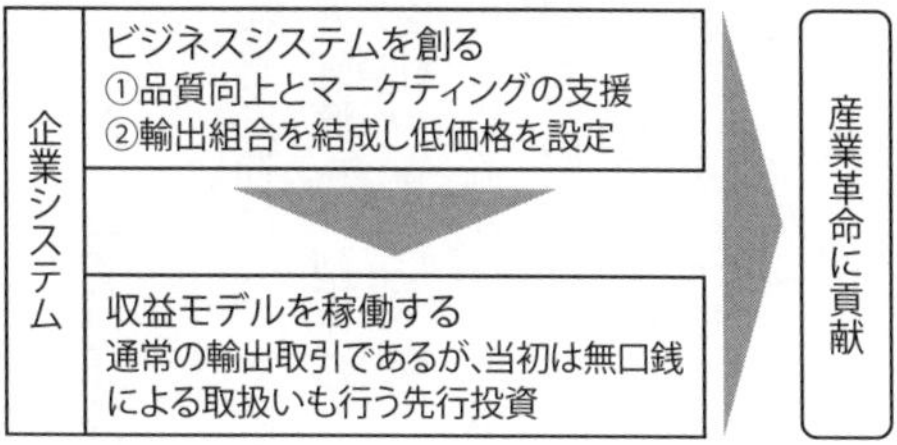

出所：諸資料により筆者作成。

高品質の製品を生産する能力に乏しかった綿紡織企業のために、品質のよい原料棉花や先進国であるイギリスの機械の輸入を担当し、技術的な助言も加えて品質向上を実現。競争力を持った製品を大量に生産し、輸出できる仕組みを構築した。さらに、清国市場の競合他国製品なども分析し、情報を与えて指導を行った。当時すでに国際的に通用する企業ブランド名となっていた「三井」を明記した商標を添付して、製品検査を行いつつ輸出した。

②輸出組合を結成し低価格を設定

三井物産は同業者組合である綿布の輸出組合を綿紡織企業とともに結成し、業界全体のための協力体制を創出した。満州市場への輸出では、意図的な低価格の設定などにより、高品質のアメリカ産綿布の駆逐に成功した。

・収益モデルを稼働する

綿製品の清国向け輸出増により、三井物産は取扱高と口銭による利益を拡大する。同社は当初、輸出取引において、無口銭による取扱いも行う先行投資を実施していた。

八　総合商社はビジネス創造企業

総合商社はビジネス創造企業である、パートナー企業（顧客企業）とともにビジネスを創り価値を共創することを自分たちのビジネスモデル（企業システム）にしている、という意味のことは、既述のように色々な表現で指摘されてきています。

すでに紹介した例以外にも、たとえば、二〇一五年に三菱商事が出版した『BUSINESS PRODUCERS 総合商社の、つぎへ』のなかで一橋大学大学院の楠木建は、「より重要なのは、商売の仕組みをつくって動かしているという点だ。これこそが総合商社の本質的な機能」（二一五頁）と明言しています。また二一年には、当時三井物産の会長であった飯島彰己も、次のように述べています。

> 長年「挑戦と創造」という理念を掲げてきました。従来は、世界をつなぐ絆を一つ一つ創造していく、という意味で捉えていたのですが、これからは、どこにもない何かを生み出すという、一つ上の次元での創造力を発揮する会社になっていきたいと考えています。
>
> （飯島［2021］一七七頁）

しかしそれではそのビジネス創造あるいは価値の共創とはなにかについては、詳細が十分に説明されていないように見えます。

そもそもビジネス創造と言っても、様々なレベルがあり、どんな企業も新しいビジネスを創り出そうと必死に努力をしています。ソニーは新規事業や起業のためのSSAP*というプログラムを持って、社外にまでサービスを提供しています。企業が新しい顧客を開拓して市場を広げるのもビジネス創造であり、新興企業が世のなかにない新製品を開発・生産して販売を始めるのも、ビジネス創造でしょう。

それでは、総合商社がその本質的な機能として社会に提供しているビジネス創造とは、どんな特色を持っているのか。それは、ここまで議論してきたように、ビジネスモデルつまりビジネスの仕組み、それも巨大な仕組みを創り出すことなのではないでしょうか。

また、ビジネスモデルを創り出すといっても、総合商社が企業間関係を軸にして、顧客としてのパートナー企業と一体となりビジネスを展開する存在であることが重要です。したがって、企業間関係をもとに解析すれば、総合商社のビジネス創造の働きをうまく説明できるのではないか、と考えられます。これまで述べたこととつながりますが、総合商社のビジネス創造の特色は次のようなものです。

伊藤忠商事・食料カンパニーのバリューチェーン

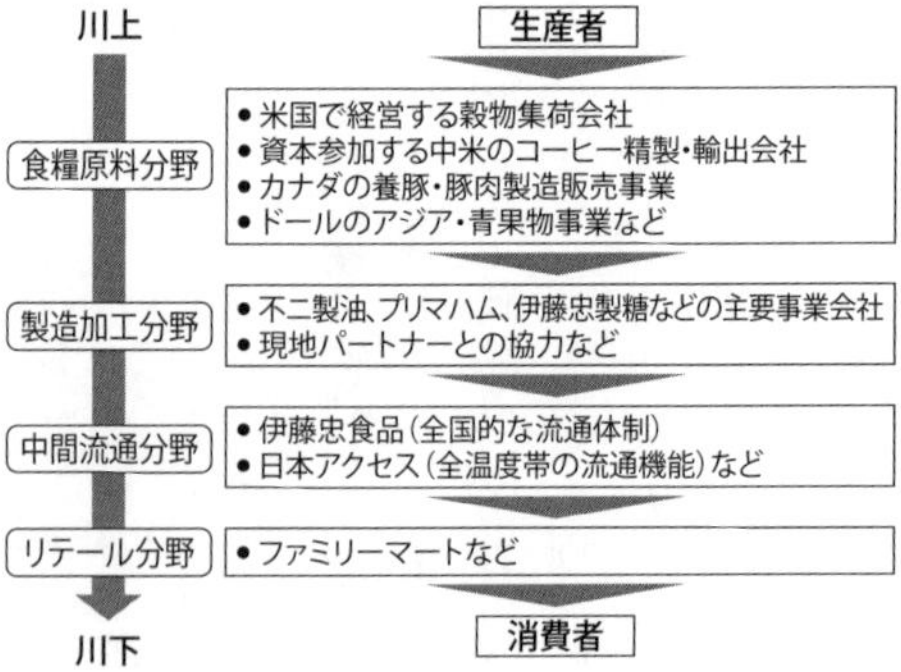

出所：伊藤忠商事ホームページ「事業紹介 食料カンパニー」をもとに筆者作成。

・特色1　事業の領域が限定されない

総合商社のビジネス創造は、その領域に限定がありません。活動を制限するいわゆる業法はありません。そこにビジネスチャンスがあると判断すれば、パートナー企業を探し出し先回りして投資することによって、ビジネスを創造しようとするのです。

・特色2　バリューチェーン*を構築する

たとえば、伊藤忠商事の食料カンパニーは、「顧客ニーズを起点に、食料資源の開発から原料供給、製造加工、中間流通、リテールまでを有機的に結びつけた付加価値の高いバリューチェーンの構築を日本、中国・アジアを中心に世界規模で推進し」ていると説明しています（同社ホームページ）。こうした商品・サービスの川上から川下までのグローバルな流れを、関係する会社の協力も得て創り出す仕事は、本来が貿易商社であった総合商社がもっとも得意とするものです。

また、海外向けの商品輸出を行い、海外ブランドとの合弁企業を日本に設立して商品を輸入販売するなど、部分を担当することも多いです。

・特色3　巨額の投資を行う

これも、一般の企業のビジネス創造と総合商社が行うビジネス創造を明確に区分しています。たとえば海外での住宅、商業施設、病院などを含めた都市開発ですと、総事業費は数千億円になることもあります。コラム7で紹介する一九六九年の三菱商事のブルネイLNGプロジェクトへの出資は約四五〇億円、当時の三菱商事の資本金を上回る巨額プロジェクトでした。コラム5の三井物産のマレーシアの病院大手IHHヘルスケアへの投資は、二〇一八年の追加分で約二三〇〇億円です。

・特色4　カネだけでなく現場に人も投入する

投資ファンドは巨額の投資を行い、場合により役員レベルの人材を派遣して、改革を進め企業価値を高めます。総合商社も同様に投資先に役員を派遣しますが、多くの場合、現場で実務を担当する人材も派遣するのです。特に近年の総合商社は事業投資に注力しており、本社のなかでは、実際の物流を伴う商取引やリアルなビジネスを経験する現場が少ないのです。そこで、若手社員は早めに子会社や投資先企業に出向して、現場で実務を学ぶのが一般的になっています。

コラム4　高度経済成長期のB社の化学品商権ビジネス

一九五〇年代からの昭和の高度経済成長期に構築されて隆盛をきわめ、現在は子会社に移管されて部分的に継続されている、化学品Zの商権ビジネスを紹介します。この事例も、企業名などを明らかにしない前提の調査によるため、総合商社名をB社としています。

製品Zについては、当時すでに大手海外メーカーの優れた特性を持つ同様の製品が輸入されて一定の市場を獲得しており、着実に拡大していました。その後、一九七〇〜九〇年代に中心の電気・電子用途が爆発的に伸びたことなどから、世界的に巨大市場を構成することになったのです。しかし核になる用途が急激な技術革新によって需要を失い市場が一気に縮小、ビジネス全体も小さくなりました。ただし、製品Zはいまも、幅広い用途で重要な化学品の一つとして、継続して生産・販売されています。

わが国の大手化学メーカーC社は、一九五〇年代に海外からの技術導入をもとに製品Zの開発と生産拡大を進めようとしていました。しかしC社には、ビジネス創造活動のすべてを行う力はありません。そこでC社は、戦前から関係のある総合商社B社にビジネスモデルの構築をある程度任せて、自社の製品開発と生産に経営資源を重点配分することにしました。高度経済成長期にはよく見られた役割分担です。

B社には、ビジネス創造を志向する総合商社としての組織文化がありました。経営陣の意思決定をもとにリスクを取って、初期には、生産された製品Zの売れるかどうか分からないものも含めた全量の買取りと、自社で在庫した上での販売を行いました。その上で、この製品を用いて最終製品を作るエンドユーザー企業（メーカー、以下ユーザー）の原材料調達に強い影響力を持つ専門商社を起用して、販売代理店網を構築したのです。ビジネスモデル創造を、B社のブランド力を活かしながらパートナー企業であるC社と一体となって進めました。B社が持つオーガナイザーとしての働きを中心に、市場を開拓し、リスク管理も進めます。商社金融[*]による販売代理店などの資金繰り支援は有効なツールでした。商社マンとして戦前から十分な経験を積んだB社担当者の存在も大きく、メーカー営業担当者との二人三脚的な動きが効果を上げました。

このビジネスモデル創造の貢献に対し、C社は、総代理店として国内で製品Zを一手販売する権利[*]つまり商権[*]をB社に許諾しました。B社は、商権ビジネスとして、自社の収益モデルを稼働させるようになりました。

そこでは、ユーザーからの受注を、代理店経由でB社が取りまとめてC社に迅速に発注するプロセスが完成されており、日常的なユーザー対応や情報提供は代理店に任せられて

化学品の商権ビジネス

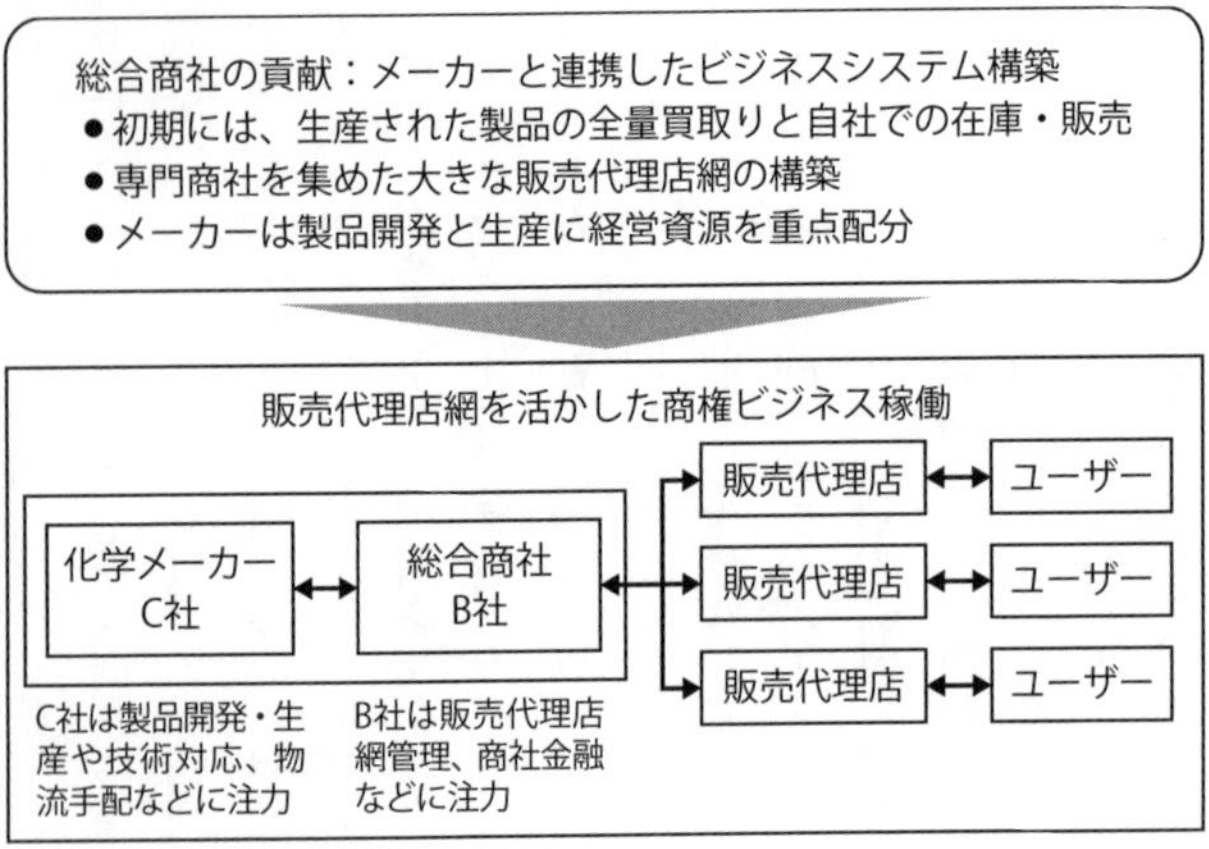

総合商社の貢献：メーカーと連携したビジネスシステム構築
●初期には、生産された製品の全量買取りと自社での在庫・販売
●専門商社を集めた大きな販売代理店網の構築
●メーカーは製品開発と生産に経営資源を重点配分
販売代理店網を活かした商権ビジネス稼働
化学メーカー
C社
総合商社
B社
販売代理店
ユーザー
販売代理店
ユーザー
販売代理店
ユーザー
C社は製品開発・生産や技術対応、物流手配などに注力
B社は販売代理店網管理、商社金融などに注力

出所：諸資料をもとに筆者作成。

いました。代理店網の管理や商社金融などの担当はB社でした。新ユーザー開拓、代理店組織を活用した新製品PR（たとえば説明会の実施）などはB社・C社共同で、製品の開発・生産、ユーザーに対する技術対応や物流手配などは、C社が主として担当していました。

製品Zは、C社の収益拡大に大きく貢献し、同社はこの製品分野の世界シェア首位となりました。ユーザーへの販売価格ベースで、数千億円規模の市場ができあがっていました。またこの商権ビジネスは、B社にとっても重要なものとして確立していたのです。

しかしB社は、時間の経過とともに存在意義を失っていきます。商社冬の時代が言われ始めた一九八〇年代以降、商権は少しずつC社に返上されていきました。商取引の収益モデルの部分だけを見ると、物流手配をメーカー自身が行うようになったこともあり、働きと言えるのは、商社金融の機能発揮と与信リスク管理くらいに限定されていたのです。さらに大手のユーザーが、C社との共同開発に近い形で品質を高める必要があり、先端技術面での日常的なコミュニケーションを重要視していたこと、当時厳しくなってきた経済状況を背景にコストダウンを望んでいたことなども、背景にありました。

商社冬の時代の一般的な現象であり、各総合商社で起こったことでもありました。商権ビジネスにおいては、時間の経過とともに総合商社が存在意義を疑われるようになるのが一般的な流れで、「商権の陳腐化」と呼ばれていました。

ただし一部の用途や特定ユーザー向けの取引は、B社のビジネスとして残りました。それも二〇〇〇年代半ば以降は、B社子会社の化学品専門商社に移管され、現在も継続されています。

この事例全体を見ると、メーカーC社にとっては、それまでと異なる新しい産業分野の市場創造という価値の実現となりました。またユーザーである日本のメーカーの成長に貢献し、わが国の電気・電子産業などの拡大にも寄与したのです。さらに多数の関連産業の専門商社の発展を助け、B社化学品部門の成長にもつながりました。

第四章　総合商社の機能の本質

一　経済のサービス化と問題点

世界中で経済はサービス化しています。日本でも、総合商社が属する卸売業を含む第三次産業（広い意味で、サービス産業と呼ばれています）の就業者数は、歴史的に増え続けており、二〇二一年の平均で全体の七四％を占めています。経済学的には、ある国の経済が発展すると、それに伴って中心となる産業が第一次から第二次、第二次から第三次へと移り変わっていく、とされています（ペティ・クラークの法則）。経済が発展すると、産業がサービス化していくことは世界共通の現象で、産業構造の高度化とも呼ばれます。

こうして社会経済において、サービス産業の重要性は大きくなっています。しかし、卸売・小売以外にも、情報通信、金融・保険、不動産、教育、医療、公務など、きわめて多様な産業を含んでいることもあり、全体像が見えにくいのも事実です。

近年の産業の動向を見ると、情報通信革命の主役であるＧＡＦＡＭ*などＩＴサービス関連企業の活躍が目立ちます。

世界企業の時価総額ランキングを、ＩＴバブル崩壊後の二〇〇一年一二月時点と、ロシアによるウクライナ侵攻前の二二年一月で比較してみると、かつては、ＧＥ、ジョンソ

世界企業の時価総額ランキング

2001年12月

	社名	時価総額（千億ドル）	国	業種
1	GE	4.3	アメリカ	電機
2	ジョンソン・エンド・ジョンソン	3.6	アメリカ	製薬
3	マイクロソフト	3.6	アメリカ	IT
4	フィリップ・モリス	3.0	アメリカ	たばこ
5	ロイヤル・ダッチ	2.8	オランダ	エネルギー
6	エクソンモービル	2.7	アメリカ	エネルギー
7	シティ	2.6	アメリカ	金融
8	ウォルマート	2.6	アメリカ	小売
9	ファイザー	2.5	アメリカ	製薬
10	インテル	2.1	アメリカ	半導体

出所：日本経済新聞［2021］

2022年1月

	社名	時価総額（兆ドル）	国	業種
1	アップル	2.8	アメリカ	IT
2	マイクロソフト	2.3	アメリカ	IT
3	サウジアラムコ	1.8	サウジアラビア	エネルギー
4	アルファベット（グーグル）	1.8	アメリカ	IT
5	アマゾン	1.6	アメリカ	IT
6	テスラ	1.0	アメリカ	自動車
7	メタ（フェイスブック）	0.9	アメリカ	IT
8	バークシャー・ハサウェイ	0.7	アメリカ	投資
9	エヌビディア	0.6	アメリカ	半導体
10	TSMC	0.5	台湾	半導体

出所：稲垣・真海［2022］

ン・エンド・ジョンソンなどのメーカーやエネルギー企業が主役でした。

しかし二二年になると、ITサービス関連企業であるGAFAMがすべてランクインしているほか、半導体不足の時代背景からエヌビディアと台湾のTSMCも入っています。ランクインしているテスラも、電気自動車専業メーカーとして、ソフトウェアなどITの活用を強みにしています。エネルギー関連企業のサウジアラムコや、金融関連企業の投資会社バークシャー・ハサウェイも入っていますが、ITサービスを提供する企業やそれを支えたり活用したりする企業が中心です。情報通信革命を受けた、ITによる経済のサービス化を反映しています。

なお、二〇二二年二月のロシアのウクライナ侵攻を受けたエネルギー情勢の変化などで、時価総額ランキングにも多少の変動がありますが、数多くのITサービス関連企業が上位にいることに変わりはないようです。

GAFAMの一角であるアップルは、かつてパソコンというハードウェアのメーカーでした。近年は、パソコンに加えてiPhoneやiPadなどのハードウェアを提供しつつ、それらと一体的に提供されるサービス（iTunesやiCloud、アップルストアなど）を組み合わせて大きく発展し、時価総額世界最大級の企業になったのです。

日本では歴史的に、鉄鋼、電気電子機器や自動車が基幹産業として発展し、製造業が、その作り出す製品の品質の高さで、国際的な競争力を確保してきました。国家としての政策も、製造業の製品、つまりモノにこだわりを持っているように見えます。ただし、平成不況以来、多くのわが国の製造企業（メーカー）が伸び悩んでいるのも事実なのです。

そこで現実を見ると、昔からビジネスはサービスの提供であったとも言えるのです。たとえば、トヨタ自動車は典型的なメーカーで、素晴らしい品質の自動車を世界に提供してきました。そのために、流通ルートとしてディーラー網を持って販売や修理を行い、トヨタファイナンスで金融事業を展開しています。さらに総合商社・豊田通商を持分法適用会社*にしているのです。このように、メーカーにも必ず営業担当者がいて、製品を販売し、修理や金融など周辺のサービスを提供しており、単にモノを作っているだけではありません。優れたメーカーというのは、製品開発や生産技術だけに秀でるのではなく、その周辺のサービスにおいても秀でているから、発展してきたのでしょう。

ここで重要なのは、売っているものを目で見ることのできる製品（モノ・有形財）であれば、人間が物理的に触れて評価することも比較的容易であることです。その一方、提供する人や使う道具は目に見えても、提供されている財自体が目に見えないサービス（無形財）の場合、その品質を評価することは、簡単ではありません。サービスを提供されてみた上で、初めて結果を評価することができるのです。

こうしたサービス特有の性質が、サービス産業の見方を難しくしているように思われます。経済学やマーケティングなどの学問の世界でも、モノを中心に分析が進められてきたのは、この背景があるからなのです。

総合商社も、モノの取引に着目して評価されることが多かったようです。ビジネス創造というサービス提供の機能を中心に見る必要性が、大きいと考えています。

コラム5　三井物産のアジアの医療サービス事業

三井物産は、「ウェルネス事業」と総称する医療・健康関連ビジネスを加速させています。二〇二一年四月に、ヘルスケア・サービス事業本部をウェルネス事業本部に改称し、病院事業を中心とした「ヘルスケアエコシステム」から、人々を中心とした「ウェルネス」の世界に進んでいるのです。この事業本部のビジネス分野として、最初に挙げられているのが、病院・クリニック事業です。

同社は二〇〇〇年代に、サービス産業への全社戦略的な対応を前提として、医療関係の事業領域への取り組みを積極化していました。そして、アジアを中心とした新興国に着目します。そこでは、人口増加と高齢化、中間所得者層の拡大、経済発展に伴う慢性疾患の増加などを受けて、医療費支出の伸びが加速していました。一方、医療サービスの供給が十分とは言えず、ビジネスチャンスがある、と判断されていたのです。

この分野への進出の大きな一歩は、二〇一一年、マレーシアの国策投資会社カザナとの連携により、同国に本社を置くアジア最大の病院グループ持株会社ＩＨＨヘルスケア（以下、ＩＨＨ）に約九〇〇億円を投じて、株式三〇%を取得したことです。過去の総合商社の医療ビジネスについて成功事例が多くないことをふまえて、社内には不安視する見方もあったようです。しかし、同社の「挑戦と創造」や「自由闊達」の組織文化もあり、経営判断としてこのビジネスへの投資を決定しました。病院を中核プラットフォームとし、専門医療、医薬、情報、サービスなどの各種周辺事業を有機的につなぎ合わせることによって、医療の質と効率性を高め、社会に貢献するための次世代型の医療インフラを提供するのです。ヘルスケアエコシステム構想です。その後、一八年には、ＩＨＨに約二三〇〇億円を追加出資して筆頭株主となり、持分法適用会社*としています。

三井物産は、この投資によって本格的に病院経営というＢ２Ｃ*型サービス事業に進出し、関連領域への参画も進めて中核事業に育て上げました。いまは、ヘルスケア・ニュートリション*が戦略的な重点領域の一つとなっています。コア事業であるＩＨＨを成長させ、ＩＨＨを核としたデータ事業の構築や、未病・予防、検査・診断などのサービスからなる健康事業群の確立を目指しています。

ＩＨＨは二〇一二年にシンガポールとマレーシアで株式を上場し、経営基盤強化と業績伸長を実現し続けています。アジアを中心に一〇以上の国・地域で八〇を超える病院を経営し、Ｍ＆Ａにも積極的です。ＩＨＨが一二年、シンガポールの一等地に建設したマウント・エリザベス・ノビーナ病院は、アジアで最高レベルの医療設備を持つ病院です。三〇

IHHのマウント・エリザベス・ノビーナ病院（出所：三井物産ホームページ「事業本部紹介 ウェルネス事業本部」）

〇以上の病床を持ち、日本ではほとんど見られませんが、専属の執事や看護師がつく、各国元首クラスのVIPにも対応できる、一泊一〇〇万円近い部屋も完備しています。

三井物産からはIHHグループに取締役と出向者を派遣し、戦略策定・実行、事業推進など、病院経営や医療サービス事業の世界的な展開に深く関与しています。IHHのなかには二〇一六年に新設され、三井物産からの出向者が牽引する「イノベーション推進部」もあります。AIを用いたIHH独自の入院費用予測システムなどによって、患者目線の医療を提供します。DXの時代、IHHは、膨大な患者のビッグデータを一元管理し活用する「医療データプラットフォーム化」への挑戦を目指しています。

そして、二〇一一年のこの歴史的な事業展開のカギになったのは、IHHとの組織間のつながりです。最初の投資を実行するまでに、創薬や治験の支援事業を通じてIHH側と築いていた信頼関係や実績がもとになって、大きな案件が実現することになったのです。このことは、総合商社の人的資源と組織間関係がビジネス創造のカギであることを示しています。

医療経営というB2C型の純然たるサービス事業（モノの取引の周辺事業ではない、サービス自体の提供事業）への本格的参入は、新しいビジネスモデルの創造でした。モノの流れではなく、病院ビジネスそのものを展開するサービスのバリューチェーン*に入り込んでいます。パートナー企業であるIHHを成長させることによって、高度な医療サービスを提供するビジネスシステムを構築、高い患者満足度とロイヤルティ、健康増進、アジア地域全体の医療サービスの質の向上など、社会経済的な価値を生み出しています。

現在は、より視野を広げて、この病院事業を中心にしたシステムから、人々を中心にした質が高く効率的なヘルスケアを展開し、豊かな暮らしづくりに貢献して価値を創造しようとしています。治療から予防へ、病院中心から個人中心へとパラダイムシフト*を加速させるビジネスシステム構築に向かおうとしているのです。

なお、この動きの背景として、すでに紹介したように二〇〇〇年前後には、商取引を中心とする従来型の総合商社のビジネスモデルが限界に達していたことがあります。ビジネスそのもののなかに入り込んでいくことが必要になっていたのです。

二　伝統的なマーケティング理論について

マーケティングという学問の領域あるいは実務の活動があります。ドラッカーが言っているように、「企業の目的は、顧客の創造」であって、「企業は二つの、そして二つだけの基本的な機能を持つ。それがマーケティングとイノベーション」なのです（ドラッカー［2001］一六頁）。経営的な観点からは、企業活動そのものがマーケティングに集約されている、ともいえるのです。

学問としてのマーケティング理論は、一九五〇年代のアメリカを中心に、当時の大量生産・大量販売の時代背景を受けて本格的に研究され始めました。いまに至るまで、伝統的マーケティング理論の中核として構築され定着しているのは、4Pあるいはマーケティング・ミックスと呼ばれる概念です。そしてその前に、STPと呼ばれる概念があります。

この領域では、アメリカのフィリップ・コトラーが有名です。彼が書くこうした概念を含んで解説する教科書は、定期的に改訂版が出されて、世界中で翻訳され使われています。

伝統的な理論をもとにマーケティング計画を構築するには、まず、STPという概念を使って市場を細分化し、標的となる市場セグメントを決め、そこにいる顧客に提供できる

マーケティングのSTP

S	Segmentation セグメンテーション	市場細分化。事業の対象として開拓する市場を、いくつかの部分に細分化する。
T	Targeting ターゲティング	自社事業のターゲットとする市場のセグメントを決定する。
P	Positioning ポジショニング	ターゲット市場への自社の提供価値を、他社と差別化できる競争優位性を持った形で定義する。

出所：諸資料をもとに筆者作成。

マーケティングの4P

Product 製品・商品	品質、品揃えの数、パッケージ、付帯サービス、保証制度、ブランドなど
Price 価格	標準価格、割引率、支払期間、保険適用など
Place 流通	チャネルの種類、立地やアクセス方法、在庫機能、配送機能など
Promotion プロモーション	広告宣伝、人的販売、販売促進の活動、広報活動など

出所：諸資料をもとに筆者作成。

価値を他社と比較して、戦略上の競争優位性を考えることが必要です。その上で、4Pを検討します。顧客に対して販売する製品（商社的な立場では商品）を、顧客のニーズや自社の競争優位性などに基づいて設計します。4Pのなかでは、この製品に関する意思決定が最初にありもっとも重要です。それに続いて価格を設定し、どのような流通チャネルを構築するのかを考えます。現代においては、インターネットをどのように使うかが、重要になります。そして、広告宣伝、店頭での人的販売、景品の提供や試食販売などのプロモーションを考えます。

この4Pを決定する活動は、ミドル・マネジメント*のマーケティングとされており、現在も理論と実践において大きな影響力を持っています。コトラーがリードしてきた伝統的理論も、こうしたミドル・マネジメントのマーケティングに焦点を当ててきました。

しかし、伝統的な枠組みの上で提唱されてきたマーケティング理論は、二つの限界を持っていると考えられます。

第一に、その視点に関する限界です。つまり、ミドル・マネジメントの視点が強すぎて、戦略的にあるいは全社的な経営の視点でマーケティングを見ることが十分できていない、ということです。企業全体として、マーケティングを中心に、顧客に向かって開発・調達・生産・物流などまで範囲を広げた色々な機能を、どう戦略的に「統合」していくのか、という視点に欠けるのです。ドラッカーが言うように、ここでの目的は顧客、つまり市場の創造であり、そのために組織全体でどう機能を統合するのかが重要なのです。

第二の限界は、伝統的な枠組みの上で提唱されてきたサービス・マーケティング理論における、サービスの位置づけです。そこでは、サービスをモノと並列に置いて4Pの視点で考えます。マーケティング理論が戦後の大量生産・大量販売の工業化時代に発展したという歴史的な経緯もあり、物理的なモノと同様に、サービスの販売、お金との交換をゴールにしているのです。モノとサービスを同じ土台の上で考えていて、より複雑な無形財であるサービスを正面からとらえきれていません。

サービスの特性

無形性	サービスは事前に見たり、味わったり、触れたり、聞いたりすることができない。この特性は、広告やプロモーションをより困難とする。
不可分性（同時性）	生産と消費が同時である。売り手（企業）と買い手（顧客）から、サービスだけを切り離すことはできないし、移動や保存もできない。
品質の変動性（異質性）	有形財は、画一した生産プロセスによって標準化された製品を継続して生産し、均一の品質を提供できる。しかし、人間が提供するサービスについては、それができない。
消滅性	サービスは、生産・提供されている時点で同時に消費され消滅している。基本的に、人間が提供し消費している経済的資源である。

出所：諸資料をもとに筆者作成。

サービスについては、伝統的な理論の枠組みの上で、四つの特性が強調されます。サービスには形がなく（無形性）、生産と消費が同時で（同時性）、標準化されて均一な品質を提供できる有形財とは異なり品質が変動し（異質性）、生産と同時に消滅される（消滅性）という特性です。この理解の上で、モノと並列の提供物としてのサービスをどう販売するかを重視しています。

しかしこれでは、複雑な提供物であるサービスを考える際に重要な、売り手（企業・サービスの生産者）と買い手（顧客・サービスの消費者）の不可分性（同時性）をもとにした、相互依存的な双方向の関係やプロセスを、深く把握することはできません。

価値を企業と顧客がともに創り上げるという見方（価値共創）に立つ場合、伝統的な枠組みの上に立つ理論では、サービス提供のために組織全体の機能をどう統合するのか、ということを考察するのも難しくなります。

三　新しいマーケティング理論①――S-Dロジック

今世紀に入ってから注目されている新しいサービス・マーケティング理論の潮流は、大きくアメリカ型と北欧型に区分されます。

まずアメリカ型の研究について、簡単に説明します。

二〇〇四年にアメリカのバーゴとラッシュが論文"Evolving to a New Dominant Logic for Marketing"（*Journal of Marketing*）を発表しS-D（サービス・ドミナント）ロジックを提唱したころから、伝統的な理論に対して、サービスを中心にする新しいマーケティング理論が議論されてきました。この画期的な理論であるS-Dロジックは膨大ですが、以下では、ラッシュ and バーゴ［2016］によりながら重要な点を簡潔に説明します。

伝統的な経済学やマーケティング理論の世界観であるG-D（グッズ・ドミナント）ロジックは、グッズつまり製品（これまでの表現では有形財あるいはモノ）を中心に考えており、そこでは企業がグッズ交換の中心となっています。そして、生産過程においてグッズに価値が埋め込まれると考えるのです。この考え方は、経済学の父とされるアダム・スミスが、使用価値（使用によってどの程度、福利に貢献するのか）よりも交換価値（交換の際にどの程度の価値があるのか）の方が分かりやすく、富の標準的な尺度を容易に示すと考えたことに始まっています。このグッズに交換価値が埋め込まれたものであるとする考え方は、その後、他のビジネス関連の学問に採用されて、いまに至るまで続いているのです。当然、伝統的マーケティング理論も、その延長線上にあります。

現代社会の産業区分も、農業・林業・漁業などは第一次、製造業・建設業などは第二次、それ以外すべてが第三次という区分になっています。しかし、これらの第一次から第三次の産業はすべて、なんらかの形でサービスを提供していると考えることができるのです。つまり、いつの時代でも、経済はサービスを基礎としてきたのです。

S-Dロジックでは、資源を、オペラント（operant）資源とオペランド（operand）資源に区分します。オペラント資源は、価値を創造するために他の資源に行為することのできる資源、オペランド資源は、価値を創造するためには行為をほどこす別の資源が必要となる資源を指します。グッズはオペランド資源ですが、それを生産する際、そして使用する際にはオペラント資源、たとえば人間のコンピタンス（知識とスキル）、企業風土・文化などが必要とされます。一般に、もっとも価値のある資源はオペラント資源ですが、ビジネスに関する理論モデルのほとんどは、グッズなどオペランド資源を対象にしています。

G-Dロジックの世界では、グッズに対応させて、サービスを表現する言葉としてサービジィーズ（複数形）を用います。サービジィーズは、残りもの、有形財であるグッズ以外のもの、あるいは無形財を意味しています。ここではグッズの生産と交換をビジネスと経済学の主要な構成要素としてとらえています。

サービス（単数形）は、サービジィーズとまったく異なる意味を持っています。これは、有形財・無形財の区分を超えて、ある経済的・社会的アクター*が他のアクター（受益者）のためにオペラント資源を適用するプロセスを示す言葉として定義されます。

G－Dロジックの世界では、あるアクター（企業）がもう一方のアクター（受益者つまり顧客）をターゲットとして、あらかじめ定義された市場を含む外部環境からの制約のなかで、コントロール可能なマーケティング資源（すでに述べたマーケティング・ミックスつまり4P）を組み合わせます。そのことによって、自社が提供するものをポジショニングするのが、G－Dロジックの世界の中心的な行動だったのです。

これに対して、S－Dロジックは、その土台をなす四つの公理が示すように、発想の根本が異なります（ラッシュ and バーゴ［2016］一八〜一九頁・二六九頁）。

公理一は、「サービスが交換の基本的基盤である」と示します。このことは、グッズはサービス提供のための装置であり、すべての企業がサービス・ビジネスであって、すべての経済がサービス経済である、ということを暗示します。貨幣は、将来サービスの提供を受けられる権利の役割を持ちます。

公理二は、「価値は受益者を含む複数のアクターによって常に共創される」とします。企業を価値の創造者とみなすG－Dロジックの否定です。そして価値は、直接あるいはグッズを通じたアクターの相互作用によって、共創されるのです。

公理三は、「すべての経済的および社会的アクターが資源統合者である」と考えます。資源の統合を通じて価値が共創されることになります。

公理四は、「価値は常に受益者によって独自にかつ現象学的に判断される」とします。価値は受益者によって、独自に経験され判断されるのです。

経済理論は二〇〇〇年以上の歴史を持ち、サービスに注目した研究も四〇年を超える歴史を経ていますが、このような形でサービス交換を理解して取り扱う概念モデルは、存在していませんでした。その意味で、画期的な理論であると言えます。そしてこのS－Dロジックは、市場と経済的交換に関する現代の思考を集約したものであり、経済活動とより広い社会での活動において、交換現象を理解するための基礎を提供するものとなります。これからの展開が期待されているのです。

なおこの理論において、マーケティングはマーケティング部門の役割ではなく、事業全体のもっとも重要な役割とされています。

四　新しいマーケティング理論②——Sロジック

北欧型のサービス・マーケティングの研究は、産業財の取引を中心に、企業と顧客の相互作用などに着目し、サービスのプロセスに焦点を置いて発展してきました。ここでは、代表的な研究者である北欧フィンランドのグルンルースが、S－Dロジックの影響も受けつつ展開してきたマーケティング理論である、S（サービス）ロジックの概略を、グルンルース［2015］を参考にしながら簡潔に紹介します。

まずもっとも重要なことは、マーケティングを単に製品（モノ）の交換に向けた活動ではなく、サービスを提供するプロセス全体の活動とし、モノの提供はその一部分であると考えることです。たとえば、銀行、レストラン、旅行、エステなどにおいては、部分的にあるいは広範囲にわたり、顧客の直接的な協力を得て、サービスが生産され顧客によって消費されています。伝統的マーケティングの世界では、顧客が注意して見るのは、モノ自体とそれに関連するマーケティング・ミックス（4P）であり、多くの場合、生産と消費は同時に起こることがありません。しかし現代のサービス産業において重要なのは、顧客が企業のサービス生産プロセスに参加し、生産と消費が同時に起こる点です。顧客は、サービスを提供している企業の人材、提供する施設、その方法、そしてプロセスの全体に影響を受け、自分の行動によっても生産プロセスに影響を与えます。こうした双方向性を的確にとらえない限り、サービスを正面からマーケティングのために考察することはできません。すでに述べたように、伝統的マーケティングの限界はそこにあるわけです。

またサービスは、その特色として示したように標準化しにくい提供物です。顧客との相互作用では、サービスを提供する人間の働きの影響が大きく、全社戦略の位置づけによる人的管理や支援が必要です。

Sロジックでは、マーケティングの目的を、モノとサービスに対する顧客の声に影響を与えるあらゆる資源を管理すること、と考えます。

ここで多くの場合、モノを取り扱う企業は、生産と消費の橋渡し機能としてのマーケティング部門を持っています。その部門は専門の部署であり、4Pを中心にして企業のためにマーケティングを考え実行しています。しかし、企業の従業員の多くは、マーケティング部門や販売部門の人材（フルタイム・マーケターと呼びます）ではありません。実際のサービス提供、配達、メンテナンス、クレーム対応などを行うパートタイム・マーケターとして働いています。人数的にも多い彼らが大切であり、彼らに対するインターナル（内部的な）・マーケティング、さらに教育・研修や支援が重要になるのです。

インタラクティブ・マーケティング

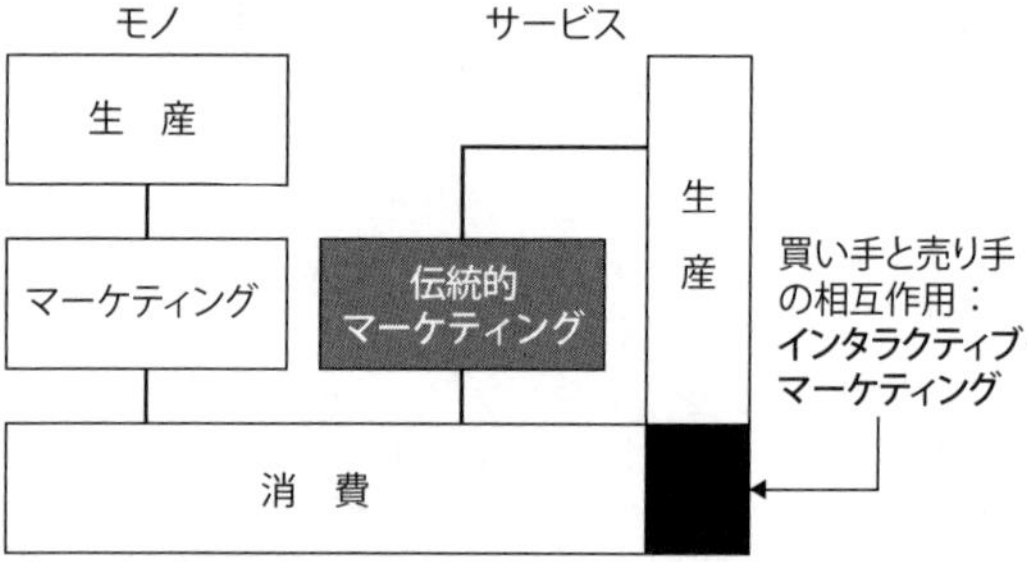

出所：グルンルース［2015］52頁「図１　生産とマーケティングと消費の関係性」をもとに筆者作成。

もちろん実務的に、伝統的なマーケティング手法は必要であり活用されていますが、それは企業の全マーケティング機能の一部なのです。企業のあらゆる部門と顧客との相互作用を管理することが重要な機能であり、それを「インタラクティブ・マーケティング」機能と呼びます。この機能は、サービスの生産と消費のインターフェース、つまり企業と消費者の接点において起こるできごとを対象とします。接点の周辺で、色々な資源を管理し効果を上げるのです。

ここで世界は、顧客に見える部分と見えない部分、二つに区分されます。見える部分とは、接客する従業員、施設・店舗などサービスの物理的な環境、そして顧客（消費者）自身です。見えない部分は、企業の内部システムで、現場へのサポートとサービス提供全体に対するマネジメント・サポートを実行します。

顧客から見えない部分こそが、経営的にはもっとも重要で、経営者が真剣に考えるべきところなのです。現場の物理的なサービス提供に対するサポート、そしてサービス提供プロセス全体のマネジメント・サポートを設計し動かすために、組織の従業員全体に真の顧客を起点とするマインドを持たせることがカギになります。インターナル・マーケティングの重要性です。マーケティング専門部署のフルタイム・マーケターだけでなく、パートタイム・マーケターも含む全従業員が、顧客サービスを充実させ、サービスの消費を通じた顧客の価値創造の支援を使命とすることが重要なのです。

ここで企業は、明確なサービスに関するアイディアを持ち、顧客がなにを求めているのかを理解して、組織内で共有します。サービスに関わる資源を、真に顧客が求める方法で提供するのです。そのために、従業員を教育し、物理的な施設や情報システムを顧客にとって使いやすいものにします。それこそが、全組織を通じたマーケティング活動なのです。

顧客に約束したサービスを最前線で提供する従業員の心が、顧客を満足させようと真剣に考えるものになっていること、それを支えるサービス志向の組織文化があること、組織文化が企業全体に共有されていること、結果として顧客との長い間の関係性（リレーションシップ）が構築され維持されていることが、重要になります。マーケティングは、組織構成員のすべての活動を含んでいる、全社的な戦略活動なのです。

このSロジックも、今後の展開が大いに注目される理論だと考えています。

五　企業間関係と総合商社

多くの場合、総合商社は「黒子」であり、企業間関係を活かして、その事業領域に強いパートナー企業と一体になってともに価値を創り出そうとします。既述のように、新聞や雑誌の記事などの、○○商事は「▲▲と組んで」という表現に見ることができます。しかし実はここで多くの場合、総合商社は主役ではありません。黒子あるいは裏方としての働きが中心になります。

重要なことは、いまも昔も、商社パーソン（かつては、「商社マン」という言葉が一般的でしたが、いまは女子総合職が増えているためこの言葉が使われています）の仕事の基本は人間関係・企業間関係であり、企業としての強みの一つは、組織とそこにいる人材が持っているネットワークなのです。たとえば、コラム7で紹介するブルネイLNGプロジェクトを成功に導き、三菱商事隆盛の基礎を作ったとされる当時の社長・藤野忠次郎は、個人としてもきわめて幅広い人脈を持って活用しており、それがプロジェクトの一つの成功要因であったとされています。

総合商社のパートナー企業はあらゆる産業と業種に広がっています。そうした企業は、それぞれが提供するモノやサービスについて、専門家としての深い知識や経験を組織として持っています。そしてパートナー企業とつながりを持っている総合商社は、独自の機能を活かしつつ一体になって、共同で新しいビジネスを創り出そうとします。

総合商社の機能の本質を突き詰めて考えようとする場合、そうした企業間関係に着目し、そこで価値が創り上げられるプロセスを、全体として見る理論的枠組みが必要です。

マクロレベルの組織論として、組織間関係論という学問領域があります。組織間関係（ここでは、企業間関係と同義です）が、なぜ・いかに形成・展開されていくのかを分析課題としています。総合商社の働きを見る時に、有効な理論的基礎になります。

この学問領域の先駆的著作とされている山倉［1993］を参考にしつつ、本書の目的から見て重要と思われる三つの考え方を紹介します。このような考え方は、組織間関係の基本的な視座（パースペクティブ）と呼ばれています。

資源依存パースペクティブ

組織は、組織にとって他の組織の資源が重要である場合、他組織に依存する、と考えます。他組織がコントロールしている資源の重要性とその他組織以外からの資源の利用可能性、二つの影響が大きいとします。ある組織が、他組織にとって稀少で重要な資源を保有している場合、また資源を独占している場合には、他組織に対するパワーを持つことになります。もっとも支配的とされるパースペクティブです。

このパースペクティブによれば、総合商社がほぼすべての事業展開において、なぜ他の企業をパートナーとしつつ、裏方として働くことができるのかが明確になります。総合商社は、自社が持っていない事業に必須の資源（商品、周辺技術・ノウハウなど）を所有しコントロールしている企業に依存し、企業は総合商社しか保有していない資源（海外貿易のノウハウやネットワークなど）に依存して、企業間関係を形成するのです。

なおこのパースペクティブは、商社離れが起こる理由も提供します。商社冬の時代のメーカーの商社離れは、パートナー企業であるメーカーが、十分な海外経験を積み資金力を強めた結果、総合商社が持っていた貿易における商取引、情報・調査のノウハウなどを保有し、資金的にも依存する必要がなくなったことが理由と考えられるのです。

協同戦略パースペクティブ

依存やパワーではなく、相互依存、交渉、妥協、共生などの基本概念を持つ考え方です。組織間のパワーや支配よりも、組織間で相互に依存しながら交渉・妥協を通じて協力・共生を図っていく側面を重視します。

この視座によれば、総合商社は、他組織（パートナー企業）を支配しようとするのではなく、共生し一体となってビジネスを創造しようとしています。

取引コスト・パースペクティブ

取引コストの最小化という効率性の観点から、組織間関係を分析するものです。取引が組織の権限を通じて行われるのか、価格機構が調整する市場によって行われるのかという問題を、取引コストの観点で分析します。組織でも市場でもない第三のメカニズムとしての中間形態（ネットワーク、長期契約など）まで射程を拡大していることが特徴です。

総合商社がパートナー企業と維持する関係は、ここでいう中間形態としてのものであり、パートナー企業にとっての取引コスト最小化を理由としていることが分かります。

このパースペクティブも、総合商社が明治時代あるいは戦後の高度経済成長期に必要であった理由を示します。総合商社は歴史的にわが国産業の貿易コストを引き下げるために設立され、その重要な目的を果たし、国家レベルで貿易コストを縮減したのです。

こうした視座は、総合商社がパートナー企業と一体となり、その他の企業などとの関係も構築しながらビジネスを創造する姿を解釈するための、ヒントを与えてくれます。

六　価値共創型企業システム

既述のように、ドラッカーは、企業の目的は顧客の創造であり、そのための基本的機能は、マーケティングとイノベーションである、としています（ドラッカー［2001］一六頁）。この観点に従えば、マーケティングは企業経営の一つの核になる重要な機能です。

これまで、総合商社はビジネスを創造する企業であると示してきました。その事業展開は環境への創造的適応であり、創造性こそが企業としての重要な特色であると考えられます。S－DロジックそしてSロジックなどの影響を受けて、企業が組織全体で顧客と価値を共創する姿を説明する理論として現れた価値共創マーケティング論は、マーケティングの本質を市場創造としてとらえているのです。そして、総合商社の機能のうち、市場開拓（市場創造と同義）、具体的には、総合商社とそのパートナー企業（顧客企業）が一体となって行うエンドユーザー（最終的な消費者・受益者）市場の開拓がきわめて重要な機能となります。さらに、全組織による戦略的なマーケティング活動という視点からは、市場創造に向けた他の経営諸機能の統合が必要になります。

この価値共創マーケティング論では、企業と顧客が相互作用の関係にあることを強調します。そして、メーカーが製造して販売する製品（モノ）について、それが生み出す価値は、消費プロセスで顧客がメーカーとともに創るものであるとします。またサービス業においてサービス自体が中心となり提供される場合には、企業と顧客との相互作用によって価値が共創されており、それを顧客が評価すると考えます。ここで価値とは、第一義的には顧客にとっての価値であり、価値は顧客が判断・評価することが強調されます。

総合商社と顧客であるパートナー企業との関係も、この理論を用いてとらえることができます。総合商社にとっての価値共創マーケティングとは、総合商社と顧客企業が、市場創造プロセスで接しながら一緒になって、顧客企業にとっての価値すなわち、新事業の確立、収益・利益の増大、取引コストの適正化、エンドユーザーの満足度向上などを実現する一連の活動です。その理解の上で、組織間関係論なども参考にして、総合商社独自のビジネス創造の仕組みである価値共創型の企業システムを考察します。

村松［2015］が価値共創マーケティングの考え方の上に立って提唱する価値共創型企業システムは、消費者と企業が関わるビジネスモデルを示します（後掲図参照）。ここでは顧客としての一般消費者を念頭に、企業と顧客が価値をともに創ります。この価値とは、第一義的には顧客にとっての価値ですが、企業にとっての売上高や利益をもたらします。それが価値の共創で、企業にとっては、顧客起点による新しい市場の創造となります。た

価値共創型企業システム・モデル

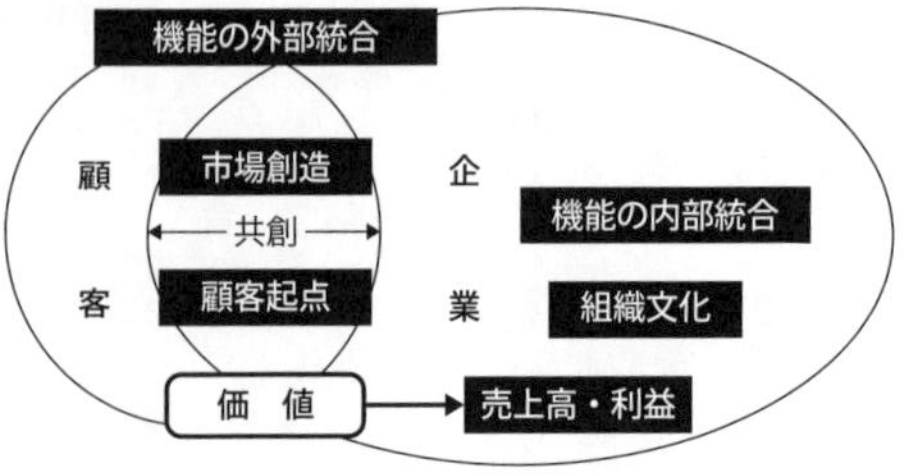

出所：村松［2015］167頁の「図表10-1価値共創型企業システム・モデル」を参考に筆者作成。

とえば、飲料メーカー（企業）がまったく新しい飲料を開発して市場に出します。消費者（顧客）はそれを飲んで、「これはおいしい、また買いたい」と感じます（顧客にとっての価値の共創）。この時、消費者と企業は、飲料の購買・消費と販売・提供という形で、機能を統合しているのです。その背後には、企業側の生産・物流・販売などの機能の内部統合があって、消費者の手元に飲料が届いています。企業の組織文化が働き、価値共創の結果としての売上高や利益の計上があり、市場が創造されています。

総合商社が顧客企業をパートナーとしてビジネスを創造する姿、総合商社の企業システムを分析する際には、この価値共創型企業システムにおける顧客（消費者）を、顧客企業（パートナー企業）に置き換えます（図「総合商社の企業システム・モデル」参照）。

総合商社は、組織間関係論の資源依存パースペクティブでいうところの重要な経営資源（メーカーであれば、優れた製品を開発・生産する人材や設備、必要なノウハウ、製品そのものなど）を所有している顧客企業に依存して、一体的な関係を構築します。総合商社は、自社独自の優位性を持つ経営資源（海外貿易のノウハウやネットワーク、資金力など）を投入し、顧客企業とともに、市場創造という目的を果たすのです。

総合商社はビジネスチャンスを見出すと、自社に不足する経営資源を持っておりパートナーとなりうる企業を探し出します（資源依存の関係）。見つかると、市場を創造し顧客企業にとっての価値を共創することを目指して、一体的な協同戦略の関係を構築します。そして自社の経営資源も投入し、総合商社の八つの機能などを顧客企業と統合して、新しいビジネスモデルを構築します。顧客が、市場創造の結果としての新事業の確立や取引コスト適正化などの価値を認めることによって、総合商社が自社の収益モデルを稼働して売上高や利益を得るのです。それが、総合商社のビジネス創造であり、企業システムの全体像です。

この全体像が示すビジネスの創造が、総合商社の本質的な機能になります。

総合商社の企業システム・モデル

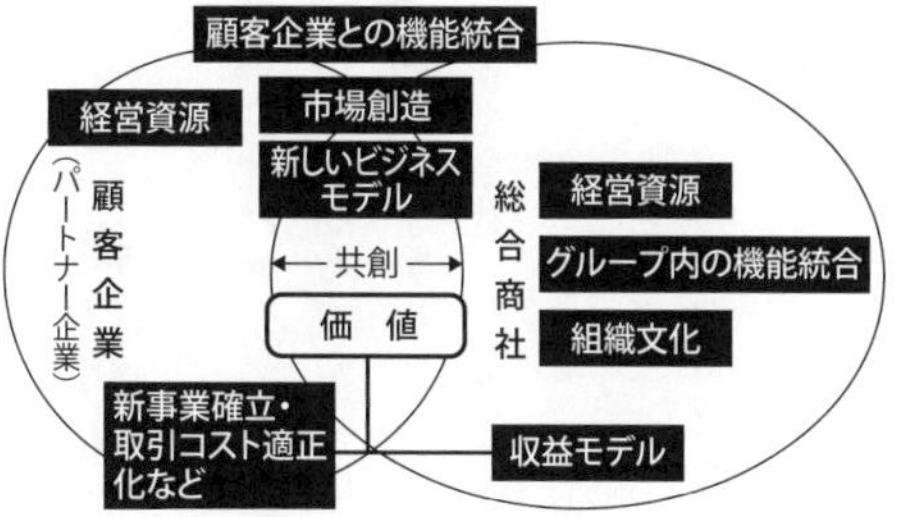

出所：村松［2015］167頁の「図表10-1価値共創型企業システム・モデル」を参考に筆者作成。

七　総合商社の企業システムはどう変化してきたか

総合商社は元々、貿易商社としてスタートし、いまに至るまで発展してきました。しかし、単なる商取引の主体として見るだけでは、正しい姿を把握することはできません。要は、商取引を実現する前に、パートナー企業と一体になってビジネスモデルを創り上げ、その上で自社の収益モデルを稼働して商取引による口銭を得てきたのです。

第三章のコラム4で紹介した、メーカーから製品の一手販売権*を得て、商権*ビジネスの商取引を展開することができた理由、それがビジネスモデルの構築なのです。

コラム4の化学品商権ビジネスの姿を見るとよく分かります。専門商社を集めた大きな販売代理店網を、総合商社のブランド力などを利用してメーカーと一体になり構築しました。その働きに対して、当該製品の総代理店という地位を手に入れて、収益モデルである商取引を稼働したのです。そのビジネスシステムは、パートナー企業であるメーカーにとっての新しい産業分野の市場創造、さらにわが国の電気・電子産業の成長という価値を実現しています。ところが、総代理店である総合商社が行っている商取引の部分だけを見ると、販売先の専門商社に対する与信管理や商社金融による資金負担などしか実質的機能がなかったことから、批判されて商権の陳腐化が進みました。

単純化すれば、なんらかの先行投資的な働きを行ってビジネスモデルを構築し、その貢献に対して与えられる自社の収益モデルを稼働して、商取引により売上高・利益（口銭）を得る。それが、戦前から、一九八〇年代の商社冬の時代や八五年のプラザ合意後のバブル経済を経て、九〇年代の商社中抜き論の時代まで継続した、総合商社の典型的な企業システムでした。一般に商取引の口銭率は売上高の数%です。利益（営業利益が中心）の金額は売上高で決まるため、総合商社の序列は売上高の大きさによっていました。各社は売上高競争を展開していたのです。

総合商社のかつての企業システム

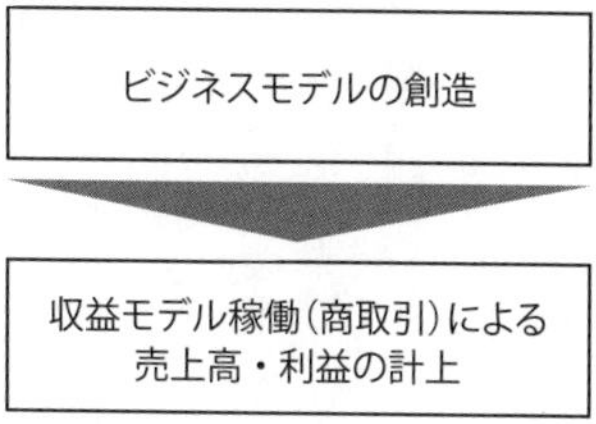

出所：筆者作成。

なおかつては、総合商社が代理人として行う他人勘定取引についても、その売買金額が売上高（正確には取扱高*）として計上されていました。いまは、他人勘定取引の場合、利益にあたる口銭（コミッション）あるいは差損益相当額だけが収益として認識されています。

その収益システムが、バブル経済の後始末などで総合商社の業績が低迷し、商社中抜き論もいわれた時代に、情報開示制度の変更も受けて変わりました。当時、証券取引法（現在の金融商品取引法）の制度が見直され、一九九九年度から、本社だけではなく企業グループとして子会社や関連会社まで含んだ、連結決算中心の情報開示が要求され始めたのです。

こうした動きを受けて、二〇〇〇年ころから、総合商社は収益モデルを、それまでの商取引による営業利益を中心にするものから、投資による利益（受取配当金＋持分法による投資損益＋有価証券損益）に比重のあるものに移してきました。既述のように、二一年度決算の総合商社七社の平均値を見ると、投資による利益合計額は、商取引による営業利益に近い大きさを占めているのです。

二〇世紀の終わりころ、総合商社は、一九八六年の三菱商事の「K-PLAN」も示すように、子会社・関連会社展開*を積極化していました。その子会社・関連会社までを含む情報開示があたり前になったことから、総合商社のビジネス評価の基準も、売上高中心のものから、売上高に基づく営業利益に加えて、投資による利益も含む連結当期純利益を中心とするものに変化しました。

現在、総合商社では、本社が主として、独自のビジネスモデル（なかでも特にビジネスシステム）の創造と、グループ視点による投資の実行と投資先管理を担当します。そして子会社・関連会社が中心になって、新事業のビジネスモデルの実行と、結果としての収益モデルの稼働を行う体制になっています。ただし、一部のビジネスモデルの実行と収益モデルの稼働は本社が行います。子会社などのビジネスは、製品を製造して販売したり、CVSで商品を消費者に直接販売したりと、幅広いです。子会社などでも、一部領域の新事業や独自のビジネスモデルを創造します。

こうしたことから、総合商社の個別決算は営業損失である場合が多いです。本社が担当する商取引の利益だけでは、様々な本社コストをカバーしきれないのです。連結決算によって営業損益が黒字になります。

このような総合商社の企業システムの変化は、ビジネスモデルの実行主体と収益モデルについて起こっているだけで、ビジネスモデルを創るという部分には変化がないことが重要である、と考えられています。

総合商社の現在の企業システム

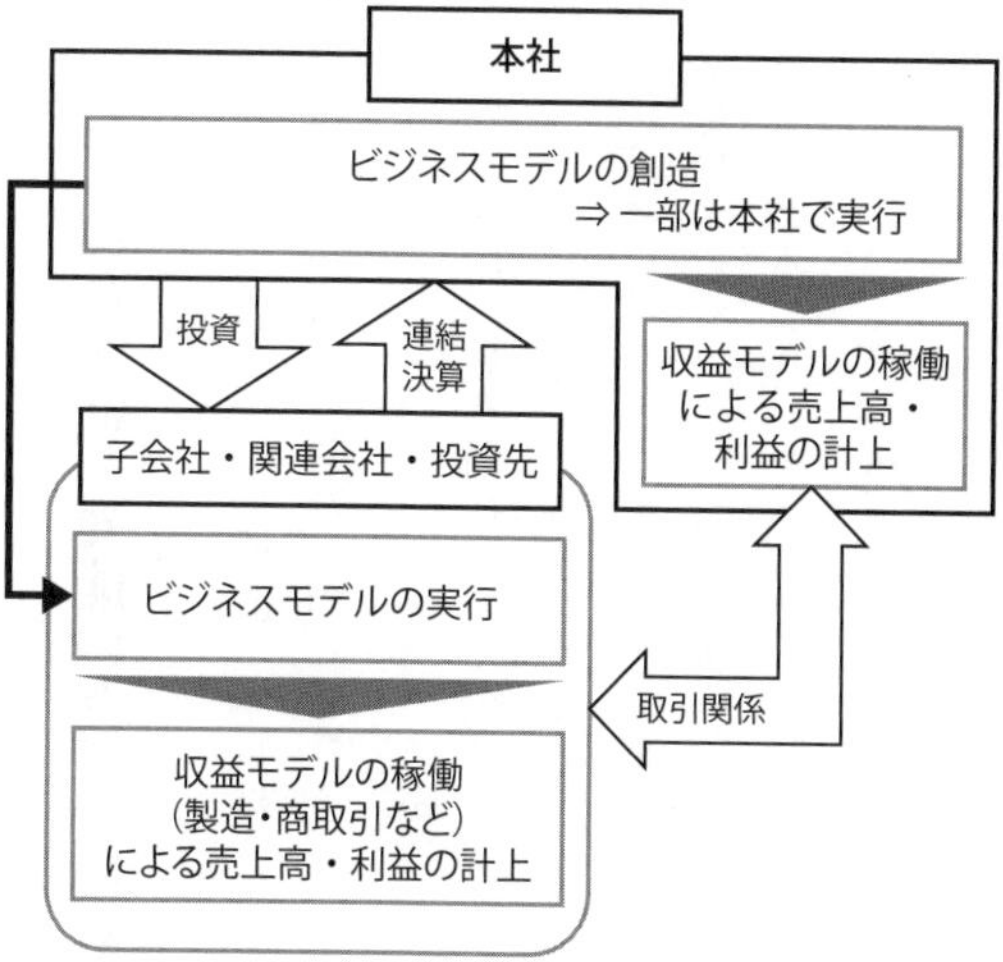

出所：筆者作成。

八　総合商社の機能の本質を明らかにする

総合商社が果たしている機能の本質は、価値共創型の企業システムによるビジネス創造です。重点は、顧客企業のためにビジネスモデル、特にそのなかのビジネスシステムを創ることです。

既述のように、総合商社という企業がなにをしているのか、外から見えにくいことは事実です。それには様々な理由があると指摘しました。

特に「商」に関わる「商社」や「商人」という言葉あるいは「卸売業」という分類、それらが意味するものの影響も大きいです。現在に至るまで、「商」という言葉は、それが本来持っている「ビジネス」や「営利行為」という意味ではなく、商品を買ってきて売る行為、右から左に流す商取引・トレーディングの活動である、と理解されることが多いのです。商社や商人は、この右から左に流す活動を中心にしている、というイメージです。商取引自体についても、与信調査、資金負担、クレーム対応など、地道な活動が含まれていることはあまり注目されていません。

さらに、テレビドラマや映画などで出てくる、山吹色の小判を渡す悪徳商人の映像や、かつての商社斜陽論、一九七〇年代のオイルショックの際の買い占め批判などが注目されてしまいます。このような、商人あるいは商社をあまりいいものではないと見る価値観があったことは事実でしょう。そこには、マルクス経済学において、商業自身が価値や利潤を本来的に生み出しているのではない、産業資本が生み出したものの分配にあずかっているのである、という理解がされていることも背景にあるように思われます。

そうした見方はともかく、企業の活動は、過度な金儲け主義はよくありませんが、一定の収益・利益を上げてお金を稼がないことには、成り立ちません。そのことを考えると、商人や商社の活動を悪いイメージ中心に語ることは適当ではない、と思われます。

また商社は商取引というイメージが根強いことから、現在も、総合商社の機能と専門商社の機能を区分してとらえていない情報発信が見られます。たとえば、商社業界を目指す人に仕事や働き方を解説する案内書などでも、総合商社と専門商社を並列にして、現場の仕事の案内をしていたりします。そこでは典型的な昔からの商取引に関連して、こんな苦労があったとかこんな困難を乗り越えたなどの話が出てきます。もちろん現在の総合商社本社でも部分的に商取引は行っているので、かつてと同じような現場の苦労をする局面もあるでしょう。さらに、子会社や関連会社は、リアルな商取引などを進める場であり、総合商社グループとしていまもそうした活動が重要であることは、間違いありません。しかし元来、その部分、つまり収益モデルに直接関わる活動には総合商社機能の本質はなかったはずで、多くの人はそれを十分理解できていないのではないか、と考えているのです。

それでは総合商社の本質的な機能、他の業態では社会経済に提供できない働きとはなんなのか。

そのことを理解するためのカギは、以前の総合商社の事業の主流であった、商権ビジネスにあるのです。ここまでに紹介したように、かつて、総代理店方式による商取引、たとえばコラム4の化学品の国内商権ビジネスは、典型的な総合商社の事業でした。古くからのビジネスモデルです。こうしたビジネスの方法がなぜ成り立っていたのかを考えると、見えてくるものがあるのです。

総合商社の機能の本質は、ビジネスを創ること、より具体的には、ビジネスモデルを創り（そこには創造された事業のビジネスシステムとその事業の収益モデルが含まれます）、パートナー企業と価値を共創することです。その貢献に対応させて自社の収益モデルを稼働し、利益を得るのです。

重要なのは、総合商社本社の独自の機能あるいはグループとして持っているノウハウなどを活かして、新しいビジネスモデルを創り上げることです。多くの場合ここでは、ビジネスシステムの構築がもっとも大切であり、その結果、総合商社がグループとして新しい事業を動かして、収益を得るのです。

こうした総合商社のビジネス創造の全体像は、先に示したように、新しいマーケティング理論などをもとに考案された、価値をパートナー企業とともに創り出す共創の枠組みを通して見ることによって、明確にできたものと考えています。

そして現在も、本書のコラムでも紹介しているように、総合商社はなんらかの新しいビジネスモデルを構築して、その上で、従来からの商取引や近年比重を高めている投資活動によって、利益を上げているのです。

二〇〇〇年前後の危機的な状況を越えて、総合商社は業界全体で収益モデルの変換に成功し、二〇一一年度には全社そろって過去最高の純利益をたたき出しました。明らかなのは、総合商社各社が収益モデルを変換して、商取引中心の利益構造を変えてきたことが、効果を上げているということです。総合商社は、自らを変える力を持っているのです。

この変換はなぜできたのか。それは、自社が収益を上げるためのお金の流れの形式である収益モデル稼働の原因としての、ビジネスモデルを創るという本質的な機能が変化していないからなのです。時代に応じて総合商社は姿を変えてきました。しかし変わるためには、変わらないものが核にないといけない。それが、産業・商品・サービスの種類を超えてビジネスを創造するという、総合商社でなければできない働きなのではないでしょうか。

コラム6　三菱商事の中国における医療材料流通効率化事業

三菱商事も他の総合商社と同様に、医療ビジネスに積極的に進出しており、この領域では、もっとも成功した総合商社とされる存在です。医療ビジネスは、事業系のビジネス拡張に向かう戦略の一要素です。「中期経営戦略2024」では、DXに関連付けて、暮らしと健康領域のなかに遠隔医療・ヘルスケアが位置づけられています。

ここで紹介する事例は、三菱商事が企業として医療ビジネスを重視している大きな方向のなかで、この領域の中核子会社であるエム・シー・ヘルスケア（以下、MCH）が国内で蓄積してきたノウハウを、中国に移植してビジネスを創造したものです。

三菱商事は、二〇〇五年に、医薬品卸売企業の最大手である現在のメディパルホールディングス（以下、メディパル）と業務提携を開始しました。その一環として、中国における医薬品流通市場で事業を展開しています。中国の医薬品市場は、人口の多さから成長を続け、いまでは世界でアメリカに次ぐ第二位の規模です。しかしその当時、医薬品流通にはまだ多くの卸が介在して、効率化が十分になされていない状況でした。

三菱商事とメディパルは、二〇〇九年、中国最大の医薬品卸売企業であり、全国的な販売ネットワークを有する唯一の存在である国薬控股股份有限公司（以下、国薬）と包括業務提携の覚書を締結しました。その上で三菱商事は、国薬子会社の国薬控股北京華鴻有限公司と国薬控股北京天星普信生物医薬有限公司にメディパルとともに資本参加し、北京市の医薬品卸売市場でトップクラスの企業グループを形成しました。医薬品や医療材料・機器の流通や病院内の物流管理業務を効率化し、医療費削減に寄与する動きです。

ＭＣＨは、医療材料（医材）つまり注射器、輸液、ガーゼなどの物品の一元管理業務（ＳＰＤ ＝Supply Processing and Distribution）を過去何十年も展開しており、わが国最大の医材流通事業会社です。ＳＰＤとは、サプライセンター（院外倉庫）を活用して、医材の購入、在庫管理、回収搬送などの業務一元化を行い、院内在庫数の適正化を実現、材料費の削減を図る事業なのです。病院職員のノンコア業務を軽減して、経営健全化に貢献します。そのなかの医療材料物品管理システムつまりＪＩＴＳ（Just In Time & Stockless）システムは、必要なものを必要な場所へ必要なだけ届けるサービスです。その他、物品マスターの整備、病院情報システムとのデータ連携などにより、多方面から病院の経営を後方支援しています（ＭＣＨホームページ「医療材料の物品管理（ＳＰＤ）」）。

このビジネスの前提は、ＳＰＤ運用により業務を効率化し、そこで削減できたコストダウンのメリットを病院とＭＣＨが分け合うというものです。サービスの対価を病院から直

三菱商事の中国における医療材料流通効率化事業

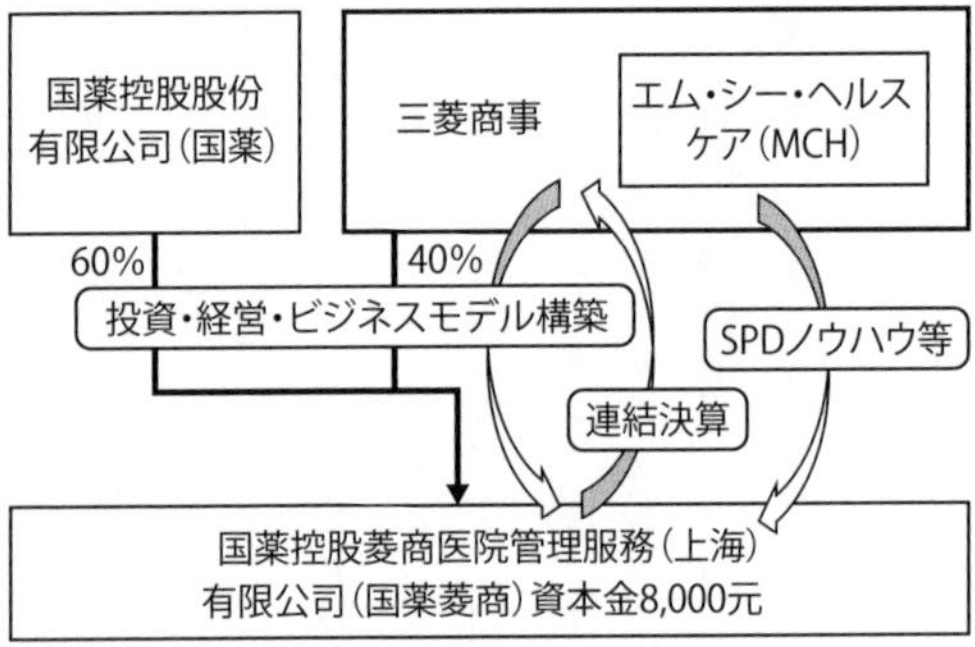

出所：三菱商事[2013]、倉元[2014]などにもとづき筆者作成。

接得るものではありません。具体的には、効率化を達成した病院がコストダウンの大きさに対応させて、MCHからの購入額を増やすことにより、MCHが商取引（医材などの購買代理店業務）を通じて収益を回収します。この方式は、かつての商権ビジネスの核となる商権が、ビジネスモデルの創造という貢献に対して与えられていた方式に類似しています。

三菱商事は国薬と共同で、二〇一三年、上海市に医材流通会社である国薬控股菱商医院管理服務（上海）有限公司（以下、国薬菱商）を設立しました。MCHのSPDノウハウを導入して、医材流通業務の合理化を図り、病院業務の効率化を実現して、医療改革に貢献しようとします。三菱商事とMCHから専門家人材を派遣して、ノウハウの移転を行い、ビジネスモデルを構築しました。

急成長する中国の医療関連市場のなかでも医材市場はもっとも伸び率が高く、数兆円の規模です。病院利用者の増加や医療技術の高度化に伴う利用の拡大によって、さらなる成長が期待されていました。しかし流通プロセスの不効率さのため、医材コスト増になっていたのです（三菱商事［2013］、倉元［2014］）。

三菱商事は、国薬をパートナー企業として、中国におけるSPD事業を一体となって展開しました。国薬との信頼関係をもとに、国薬の全国ネットワークや中国医薬品業界における知名度などと、MCHが持つSPDノウハウ、三菱商事のグローバル事業経営の経験などを融合させて、価値共創を行うのです。ここで創造された市場は、中国の病院のグループでした。病院経営の効率化、サービス水準と患者満足度の向上、医療費縮減、医材などの不合理配分の是正にもつながり、社会経済的価値を生み出します。

三菱商事には、営業部門のビジネスプランの作成について、社内各領域の専門家による強固な業務支援プロセスがあります。組織の三菱の内部管理体制です。法務、主計、財務、調査などの部署が支援し、ビジネスリスクの管理も行います。

実際のビジネス稼働の後は、三菱商事は日常の商取引に関与せず、関連会社としての国薬菱商の経営を、国薬と連携して行います。ここで三菱商事本社の収益モデルは、事業投資を通じて、国薬菱商の当期純利益をもとにする持分法投資損益*と受取配当金を獲得するものであると考えられます。

第五章　これからこそ総合商社の時代

一　伸び悩む日本経済の真実

日本は人口も経済も縮小しています。

人口については、二〇〇八年（平成二〇）をピークに減少を続けています。二二年五月一日確定値で一億二五〇七万人、前年同月に比べ七〇万人（〇・五六％）の減少です。岡山市の人口に近い数が減っています。さらに労働の担い手となる生産年齢人口（一五歳〜六四歳）の総人口に対する比率は、一九九二年の六九・八％をピークに減り続け、五九・三％と過去最低のレベルになっています（総務省統計局［2022］）。将来的にも人口減少は続き、二〇六五年には、八八〇八万人（二〇二二年五月確定値の七〇・四％）、生産年齢人口の割合は五一・四％とされています（国立社会保障・人口問題研究所［2017］の出生中位死亡中位推計）。さらに、二一年の合計特殊出生率*は一・三〇と前年の一・三三より低下（六年連続）となっており、少子化の傾向は止まっていません（厚生労働省［2022］）。人口の減少や出生率の低下は、世界的な傾向であり、わが国よりも状況が悪い国があるのは事実ですが、その社会経済的な意味は大きいです。人口減少は、若者一人あたりが負担する社会保険料や税金の増加につながり、世代間格差を大きくするからです。

もちろん一国の経済規模は、ある程度その国の人口に比例します。わが国のＧＤＰも低迷していくことが予測されています。かつては世界第二位の大きさであった名目ＧＤＰは、二〇一〇年に中国に抜かれて世界第三位になりました。さらに、一人あたり名目ＧＤＰも、日本経済研究センターの予測では、二〇二七年に韓国に、二〇二八年には台湾に抜かれることになっています（日本経済新聞［2021］）。

わが国の給与所得者の平均給与額も伸びていません。ＯＥＣＤのデータによれば、一九九〇年から二〇二一年の間に、日本の平均給与額（物価変動を考慮した実質額）は、一・一倍にしかなっていません。この間、ＯＥＣＤ諸国は一・四倍、アメリカ一・五倍、イギリス一・六倍などとなっているほか、韓国は二・〇倍です。このことが、一九八九年末に東京証券取引所の日経平均株価が史上最高値を記録して以来、いまもなおそのレベルに達しない株式市場の現状などとあいまって、よく言われる「失われた三〇年」という評価につながっているのかもしれません。

また、国家の財政も大きなリスクを抱えているように見えます。二〇二一年一一月に財務事務次官の立場にあった矢野康治が雑誌で提言をして注目を集め、政治の世界でも話題になりました（矢野［2021］）。筆者が重要と考えた指摘を図に要約しています。本書はこの問題を議論するものではないのですが、彼が指摘した、日本の国際競争力の強化や不都

国家財政の問題点

- バラマキ合戦の政策論は、本当に危険である。
- 国の長期債務は 973 兆円、地方の債務をあわせると 1,166 兆円で、GDP の 2.2 倍である。
- いまの日本の状況をたとえれば、タイタニック号が氷山に向かって突進しているようなもの。このままでは日本は沈没する。
- 国民は本当にバラマキを求めているのではない。
- わが国の財政赤字（一般政府債務残高／ GDP）は 256.2%と、第二次大戦直後の状態を超えて過去最悪で、どの先進国よりも劣悪な状態である（ドイツ 68.9 %、イギリス 103.7%、アメリカ 127.1%）。
- 家計も企業もかつてない〝金余り〟状況にある。
- どんなに追加の歳出を計上しても、実際に最終消費や投資に回されなければ、需要創出につながらない。
- 過剰な給付金や補助金は、かえって企業の競争力を削ぐことになる。日本の国際競争力はますます欧米に水を空けられてしまう。
- 単年度収支の赤字幅を少なくとも「成長率ー金利」の黒字幅以内にまで縮めることで、財政のさらなる悪化を回避するのが、日本の目指すべき最低限の目標である。
- 「不都合な真実」もきちんと直視し、先送りすることなく、もっとも賢明なやり方で対処するべき。

出所：矢野［2021］をもとに筆者作成。

合な真実を直視することは意識されるべきです。

　直近では、ウクライナ侵攻の影響もあり、世界的なインフレの動きが強まりました。アメリカのＦＲＢ*はインフレに対応するため、二〇二二年三月、二年ぶりにゼロ金利政策を解除し政策金利を引き上げました。引き続き大幅な金利の引き上げと、金融緩和で世界中にバラ撒いたカネを回収する動きを進めています。日本銀行は、緩和的な姿勢を崩していませんが、欧州中央銀行なども量的緩和を終了し利上げを進めています。世界的なサイクルは金融緩和から金融引き締めへと向かい、景気悪化とインフレが併存するスタグフレーション*の心配もされています。いずれわが国でも金融緩和の転換や金利の引き上げが話題になるでしょうが、膨大な債務を抱えての財政負担増は大きな問題になる可能性を持っているのです。

ＦＲＢの金利引き上げなどの影響もあって、二〇二二年三月ころから急速に進んだ円安は、「悪い円安」*とされています。過去の蓄積によって、わが国の対外純資産は四一一兆円、世界最大です（二〇二一年末、財務省）。しかし、それ自体を高く評価できるのかはやや疑問です。その後円相場は、一〇月に一ドル＝一五〇円台と、三二年前の水準に下落しており、様々な課題の解決を先送りしてきた日本経済の現状に、あらためて強い警告を発しているように見えます。

またグローバルにビジネスを展開するための基礎能力としての英語力についても、わが国は二〇二一年の調査で一一二カ国中七八位と二〇年の五五位から大幅にランクダウンし、長期的に下落傾向を続けています（EF Education First［2021］）。

こうした現実をふまえると、いまわが国の企業にもっとも強く求められているのは、大きく発展することを想定しにくい国内市場だけではなく、グローバル市場に向けてビジネスを創造する力や国際競争力を強化し、結果としての潜在成長率*の向上を実現することであると考えます。

二　ビジネス創造が求められるが現実は？

わが国でも近年、ビジネスの創造が求められるようになっています。行政は積極的に、その動きを支援しています。経済産業省も、新規事業の創出、スタートアップの創業・成長促進のために、支援人材のネットワーク構築、起業応援の税制・融資制度の整備、起業家教育の推進などに、積極的に取り組んできました。企業のベンチャー投資促進税制やエンジェル税制など、色々な税制面の支援があります。また新聞・雑誌などでは、ベンチャービジネスや起業家についての記事が常に目につきます。大学で開発した技術を、事業化しようというベンチャー企業も数千社あり、増え続けています。東大にはアントレプレナーシップに関する講座が二〇二一年四月に設けられて動き始め、東大発のベンチャー企業の数は大学別で最大です。しかし期待するような企業が出てきているのかと言えば、残念ながらそうなってはいません。

世界のユニコーン企業、つまり創業一〇年以内で一〇億ドル以上の評価額がつけられている非上場のベンチャー企業のリストを見ると、そのことが分かります。アメリカの調査機関である CB Insights によれば、世界の国別ユニコーン企業数では、アメリカ、香港を含む中国、ヨーロッパ、さらにインドが大きな数を占めています。二〇二二年一〇月時点では、日本のユニコーン企業は六社となっています。そこには、深層学習による様々なイノベーションを行うPreferred Networksや、スマートフォン用のニュースアプリケーションのSmartNewsなどが含まれています。しかしこの六社の評価額はすべて二〇億ドル以下で、決して大きいとは言えません。ちなみに、このリストで世界第一位の企業は、動画共有サービスTikTokなどを運営する中国のバイトダンス（評価額一四〇〇億ドル）、第二位が著名起業家イーロン・マスク率いるアメリカの航空宇宙メーカーであるスペースX（一二七〇億ドル）でした。

この現実の前提としてわが国では、ベンチャー企業への投資も小さいのです。日本のベンチャー企業への投資額は、二〇二一年にアメリカの一〇〇分の一だとされています。さらに、世界的に投資対象として重要なフィンテック、健康そして交通の産業分野で、日本の成長率は世界に大きく劣っています（日本経済新聞

国別ユニコーン企業数

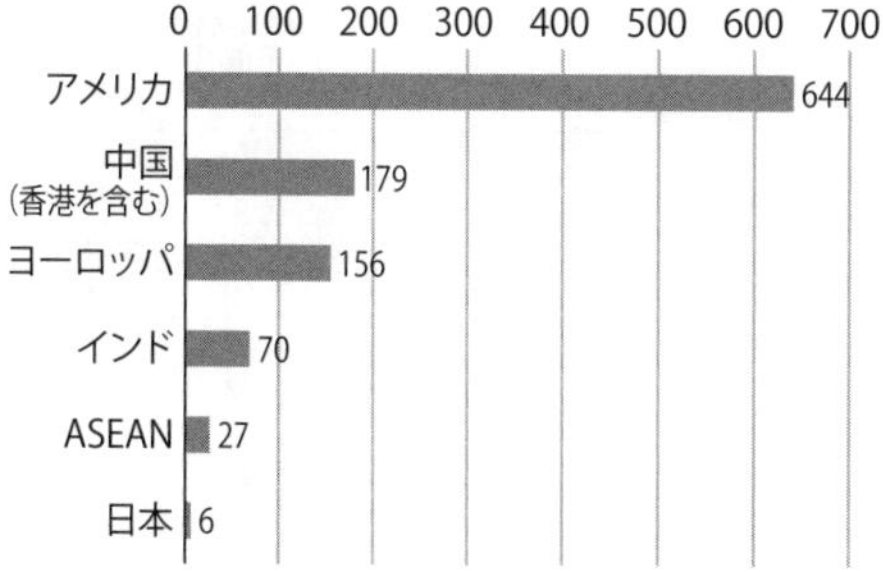

出所：CB Insights"Global Unicorn Club: Private Companies Valued at $1B+"（2022年10月7日）。

日本企業の時価総額ランキング　（2022年3月31日）

	社名	時価総額（千億円）	業種
1	トヨタ自動車	363	自動車
2	ソニーグループ	161	電機
3	キーエンス	139	電機
4	三菱UFJフィナンシャル・グループ	101	金融
5	東京エレクトロン	99	電機
6	ソフトバンクグループ	96	投資
7	KDDI	92	情報通信
8	リクルートホールディングス	92	サービス
9	オリエンタルランド	86	サービス
10	日本電信電話（NTT）	84	情報通信

出所：東京証券取引所。

〔2022〕）。総合商社もベンチャー企業への投資を行い、社員の起業や新規事業提案を支援していますが、現実は厳しいと言えます。

こうした、わが国に新しくて大きな企業が生まれていないという現実は、企業の時価総額ランキングにも示されています。第四章冒頭で紹介した世界企業の時価総額ランキングを見ると、過去二〇年間で世界を代表する企業の顔ぶれは大きく変化しています。しかし最近のわが国の企業の時価総額ランキングを見ても、その顔ぶれは、トヨタ自動車やソニーグループなど、昔から誰もが知っているような有名企業ばかりなのです。

ただし、日本という国、日本人という国民のいいところはたくさんあると思います。

私もかつて商社マンとして、メーカーの経営者などとお話しする機会を持っていました。彼らはいつも、「いいものを作れば売れるんですよ」と言っていました。その言葉に嘘はないのです。この国の企業が組織として持っている「いいもの」を作る技術・人材などは、いまなお世界に通用するものだと考えています。この時価総額のリストにも、自動車や電機のメーカーが入っているのですから（ソニーグループはかなり幅広くゲーム・音楽・映画・金融などサービス事業を展開していますが）。

それでは、時代の激変を受けて、さらに強くグローバルに向けたビジネス創造が求められるいま、なにが足りないのか。

もっとも重要な要素は、そのいいものをどう世界市場に売っていくかの、マーケティングなのではないでしょうか。多くの日本企業、特にメーカーの場合、いわゆるプロダクトアウト的な発想が強すぎて、伊藤忠商事などが目指しているようなマーケットインの動きが十分でないのかもしれません。

さらにいまの事態を変えるには、個人に頼るのではなく、日本人の得意な組織の動きで、マーケティングを中心にグローバル展開を進めていくことが効果的だと思います。ベンチャー企業、ビジネス創造というと、よくＧＡＦＡＭ*などの個人的成功ストーリーが語られます。しかし集団主義でビジネスを進めるのが得意な日本人の場合、個人で起業して成功というパターンばかりを追求しても、大きな展開は難しいでしょう。企業という組織の力を活かして、グローバル市場で魅力ある事業を創り上げていくのです。

三　総合商社はヌエである

筆者は個人的な見方として、総合商社の姿は「ヌエ」にたとえられる、と思っています。ヌエ（鵺）とは、頭は猿、体はタヌキ、尻尾はヘビで手足は虎とされる妖怪です。平安時代、京都の御所に出没したため、天皇が恐怖して病気になってしまった。そこで弓の達人である源頼政に命じて退治させたという、平家物語などの記述で有名です。いまも、得体の知れない人や組織を表現するのに用いられる言葉です。総合商社は、このヌエにたとえることのできる存在なのです。

総合商社の機能については、業界団体の日本貿易会が八つにまとめています。総合商社はこれらの機能やその周辺機能を、自社内で、そしてパートナー企業と統合して用います。日本貿易会のホームページの記述を参考にして、内容を紹介します。

①商取引機能：グローバルな商取引を推進する商社のコア機能（収益モデル）

モノやサービスを売買つまり商取引（トレーディング）する歴史的な機能で、eマーケットプレイス、CVSの小売りなども含みます。国内・輸出・輸入・外国間の取引があります。かつての総合商社のコア機能ですが、いまは、子会社・関連会社*などに移していることが多いです。また取引に伴って、保険や法務・税務など周辺サービスも提供します。

②情報・調査機能：広範多岐にわたる情報を収集・分析しビジネス活動に反映

組織としてまたは個人として持つグローバルなネットワークを通じて、政治経済、産業・企業、先端技術、市場、地域、法律・税務など、あらゆる情報を収集・分析し活用します。情報は顧客企業に提供されます。

情報は総合商社の重要な経営資源です。

③市場開拓（創造）機能：顧客と一体になり市場を創り出す

パートナー企業と一体になり、新しいビジネスモデルを構築して、商取引を進め投資を行って、市場を創造し価値を共創します。本書では、市場開拓と同じ意味で市場創造を用います。

④事業開発・経営機能：新しい事業を開発・育成し経営

総合商社はたくさんの顔を持つヌエである

出所：筆者作成。

ビジネスモデルを創り、組織の内外で機能を統合して市場を創造することは、事業の開発・育成です。投資先に経営陣だけでなく、現場担当者も送り込んでビジネスを展開させるなど、経営に深く関与します。近年の総合商社は、収益モデルとして投資に注力しており、投資先の成果を取り込むことによって収益・利益を上げています。

⑤リスクマネジメント機能：ビジネスのリスクを管理し最小化

総合商社は、永年にわたって蓄積してきた情報・ノウハウやグローバルなネットワークなどの豊富な経営資源を駆使して、リスクを最小化しようとします。発展途上国の大型事業や新規成長分野でのベンチャー事業など、高度なリスクマネジメントを求められることもあります。パートナー企業や関連組織とのリスク分担、金融における先物市場の利用、保険制度の活用などを通じて、リスクの最小化を図ります。

⑥ロジスティクス機能：全体最適の物流システムを構築

総合商社が歴史的に展開してきた商取引を支える、モノを動かす機能です。DXによる効率的な物流情報システムの構築や、倉庫・流通センターなど物流施設の運営にも関わります。国際複合一貫物流事業や、発展途上国での物流事業にも積極的です。

⑦金融機能：いまは投資も中核の収益モデル、巨大な資金力を活かす

かつては、商社金融*として販売先に対する与信と調達先への立て替え払い、さらに債

務保証などが重要でした。いまは子会社・関連会社などへの投資が重要な収益モデルです。そのほか、融資、プロジェクトファイナンス*の組成、為替ディーリング、リースサービスなどを行います。近年は、ベンチャー企業への投資、事業合併・買収（M&A）への関与などにも積極的です。

⑧オーガナイザー機能：パートナー企業とともに大きな仕組みを構築

新しいビジネスモデルの創造、プラント輸出や資源開発など大型プロジェクトの組成などに際して、パートナー企業や関連する組織を取りまとめて、機能を統合して動かします。本書で紹介したような海外巨大プロジェクトでは、総合商社のオーガナイザー機能がカギになります。ビジネス創造において、もっとも重要な機能です。

総合商社はこれら八つとその周辺の機能を、パートナー企業と一体化しつつ統合して、ビジネスを創造します。

結果として総合商社の姿は、見る人によって、貿易商社、卸問屋、CVS、シンクタンク、コンサルティング・ファーム、物流会社、インベストメント・バンク、投資ファンド、ベンチャーキャピタル、銀行、保険会社、法律・会計事務所など、様々に見えます。なにがこの業態でなければ提供できない機能なのかが見えにくい、得体の知れない組織ですが、それが総合商社の強みなのかもしれません。

四　総合商社が生き残ってきた理由

これまで述べてきたように、明治時代に生まれた総合商社も、過去一五〇年近い歴史のなかで、何度も危機に見舞われてきました。

大正時代に最大の総合商社であったこともある鈴木商店が、一九二七年（昭和二）、第一次世界大戦後の恐慌のあおりを受けて倒産しました。三井物産が総合商社としての地位を確立しており、三菱商事は独立企業になって間もないころです。それではなぜ、三井物産と三菱商事は、この恐慌の時代に破綻しなかったのでしょうか。

大きな理由として、財閥系の三井物産と三菱商事は鉱山業と銀行業を産業的・金融的基盤として持っていたのに対して、鈴木商店はそれらを欠いていたこと、台湾銀行からの融資に依存しすぎたことなどが言われています。しかしなにより、組織としてのガバナンスが機能しなかったことが大きいのです。鈴木商店はワンマン経営で、近代的な経営管理組織を持っていませんでした。この当時、三井物産は部店独立採算制のもとリスク管理組織を形成していましたし、三菱商事は商品本部制による組織構造を持っていました。こうした近代的な管理体制があったことが、戦前、この両社の総合商社としての発展に影響しています。

既述のように、戦後わが国の高度経済成長が進展した時、マルクス経済学者である御園生等によって「商社斜陽論」（[1961]）が唱えられました。決して的はずれな議論ではありませんでした。しかし、この論理については、マルクス経済学で商業自身は付加価値を生むものではないと規定されていたことの影響が大きかった、と考えています。

さらに一九七〇年代のオイルショックと高度経済成長終焉の後には「商社冬の時代」が訪れ、業績は低迷しました。また九〇年のバブル経済崩壊後には、IT革命の始まりでメーカーが商社を通さず取引をする傾向（「商社中抜き」）が強まったことや、アジア通貨危機などの影響がありました。九〇年代の終わりには、業界全体で巨額の赤字を計上しています（一九九八年度純利益は九社平均で三〇三億円の赤字、第一章の四参照）。またそのころ、兼松江商は総合商社の看板を下ろし、トーメンが豊田通商と業務提携することになったのです（二〇〇六年に豊田通商に吸収合併）。

しかしそれまで商取引による売上高がもたらす営業利益を中心にしていた収益モデルの改革が、少しずつ実を結ぶようになります。同時に、そうした商取引の中心的な方法であった、鉄鋼や化学品などの商権ビジネスを子会社・関連会社*に移管して、本社ではビジネスを創造することや投資先の管理に注力する体制に転換していきました。また、非資源ビジネスの拡大・強化を目指して、三菱商事と伊藤忠商事が、CVS事業に投資し始めたのもこのころです。さらに一九九九年度から、わが国で上場企業については連結決算が義務化されました。総合商社も、売上高ではなく連結決算の当期純利益を重視する経営に変化しています。

その後は、二〇〇〇年代初めの「夏の時代」はあったものの、〇八年のリーマン・ショックの影響で業績が悪化したり、資源価格の下落で業績が悪化したりしました。しかし二一年度、過去の収益モデル改革が功を奏していた上に資源価格の高騰などもあり、総合商社七社は過去最高益を達成することとなりました。

総合商社はこうして否定論や危機に耐えて、しぶとく生き残ってきたのです。

ここでは、なぜ総合商社が過去幾多の危機を乗り越えて、ヌエにたとえられる自らの姿を変えながら生き残ることができたのか、を考えるべきだと思っています。

そのもっとも重要な要因は、総合商社がビジネスを創る、ビジネスモデルを創造することを、本質的かつ不変の機能としているからなのです。収益モデルはその結果としての収益・利益を回収する形式です。その収益モデルは、かつての商取引を中心にするものから、投資にも比重を加えたものに変化しました。しかし、これがなければ総合商社とは言えないであろう変わらぬ働きは、ビジネスを創造することなのです。その働きの場所は、産

総合商社の危機と対応など

代表的な危機・指摘	年・時期	起こったこと	生き残りの背景や対応
第一次世界大戦の戦後恐慌	1920年代	鈴木商店の倒産（1927年）	三井物産・三菱商事の管理体制
第二次世界大戦終結・財閥解体	1945〜47年	三井物産と三菱商事の解体	・戦後復興を推進する役割 ・再合同（三菱商事1954年、三井物産59年）
商社斜陽論	1960〜70年代	・メーカーの巨大化や直接の海外展開の始まり ・十社→九社体制	・高度経済成長に乗る ・新しい重化学工業との連携やプロジェクトのオーガナイザー機能などを発揮
商社冬の時代	1980年代	・オイルショック後の高度経済成長の終焉で業績低迷 ・1985年のプラザ合意後の円高対応による経済のバブル化で業績回復	・メーカーの海外展開の支援や、海外資源開発への事業投資拡大などの機能発揮 ・バブル経済に乗り財テクに注力
商社中抜き論	1990年代	・バブル経済の崩壊やインターネットの普及による情報通信革命で商社を介在させない動き ・1999年度から連結決算義務化 ・業績悪化（九社→八社体制→2000年代に現在の七社体制）	・投資による利益の比重を高める収益モデル変革 ・CVS事業など非資源分野への進出積極化 ・商権ビジネスなどを子会社・関連会社に移管 ・本社はビジネス創造や投資先管理に専念する体制へ

出所：諸資料により筆者作成。

業・商品・サービスの種類を問いません。チャンスがあると判断すれば、積極果敢にビジネス創造にチャレンジします。その結果として、自社の収益モデルを稼働して、利益を上げることになります。

このことは第三章で紹介したように、以前から、総合商社の経営者や現場担当者、研究者によって指摘されてきたことであり、変わらぬ本質であると考えています。

小林敬幸も、「商社にとっては、新規事業を起こすことは、ほぼその存在意義にもあたることなので」と明言しているのです（小林［2017］三六頁）。

コラム7　三菱商事のブルネイLNGプロジェクト

三菱商事は、一九六三年（昭和三八）、ブルネイ沖に有望なガス田を発見したシェルをパートナー企業として、日本向けにLNG＊（液化天然ガス）を生産・輸出する共同事業の実施を決断しました。それ以前に、アラスカLNGで契約関係にあった東京ガスからの紹介で、日本企業として初めて参画した大規模LNGプロジェクトでした。

当時は、高度経済成長や重化学工業化に伴い、大量の原材料が必要とされていました。天然ガスはよりクリーンなエネルギーで熱量も高いため、三菱商事では日本へ輸入するための液化事業について早くから注目していたのです。

LNGは、わが国では、ほぼ全量が海外からの輸入です。約六割が火力発電所の燃料として使用され（電源用エネルギーのなかでのシェアは三割くらい）、三割程度が都市ガス用として使われています。資源のないわが国にとっては、相対的にクリーンなエネルギー源として、当時からいまに至るまでとても貴重なものなのです。さらに二〇二二年二月のロシアによるウクライナ侵攻を受けて、世界中で注目を集めるようになっています。

最終的には一九六九年一二月、三菱商事とブルネイ政府、シェルの共同出資でブルネイ

ＬＮＧを設立しました。天然ガスを液化するプラントの建設やＬＮＧ船の荷役用の桟橋設備や付随するパイプラインなどのインフラ整備を始めることになったのです。当初は、三菱商事とシェルが四五％ずつ、ブルネイ政府が一〇％を出資していました（現在は、ブルネイ政府五〇、シェル二五、三菱商事二五）。まだ総合商社の海外投資も多くなかった時代に、三菱商事の資本金（六九年九月末で二二五億円）をはるかに上回る、一億二五〇〇万ドル（当時の為替レート換算で約四五〇億円）に及ぶ超大型プロジェクトへの投資という決断を、社長・藤野忠次郎が行ったのです。「失敗したら三菱商事が三つつぶれる」とまで言われました。

電源エネルギーとしてのLNGは重要

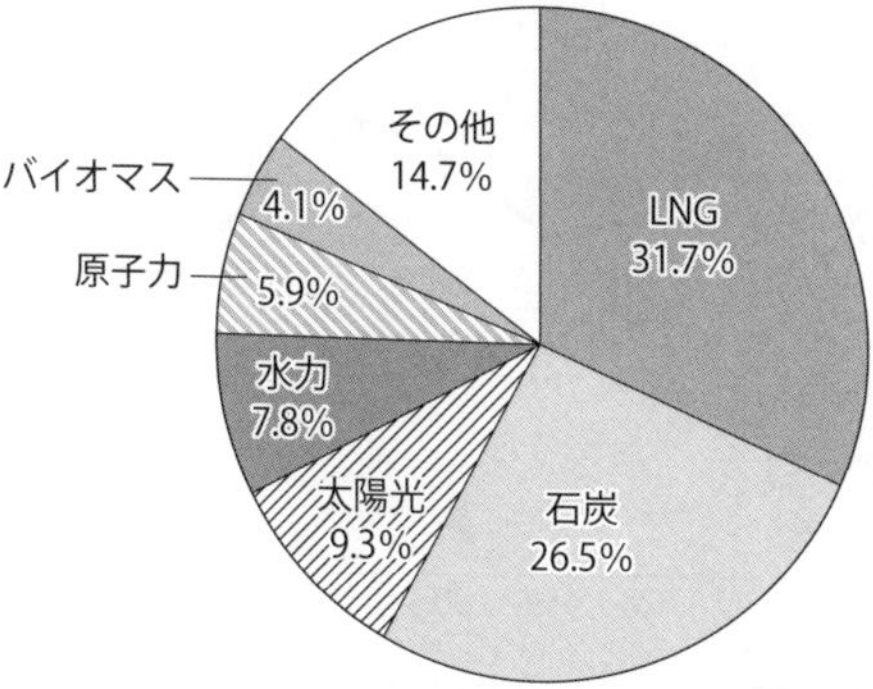

出所：環境エネルギー政策研究所「2021年の自然エネルギー電力の割合（暦年・速報）」の「図１：日本全体の電源構成（2021年速報）」をもとに筆者作成。

　三菱商事のプロジェクトチームが色々な機能を統合して、慎重に検討を重ねた末に、シェルとの折半で最終的に年間五一四万トン製造されるＬＮＧを二〇年間、日本に輸出する契約を締結しました。そのプロセスに

経常利益に対する受取配当金の比率

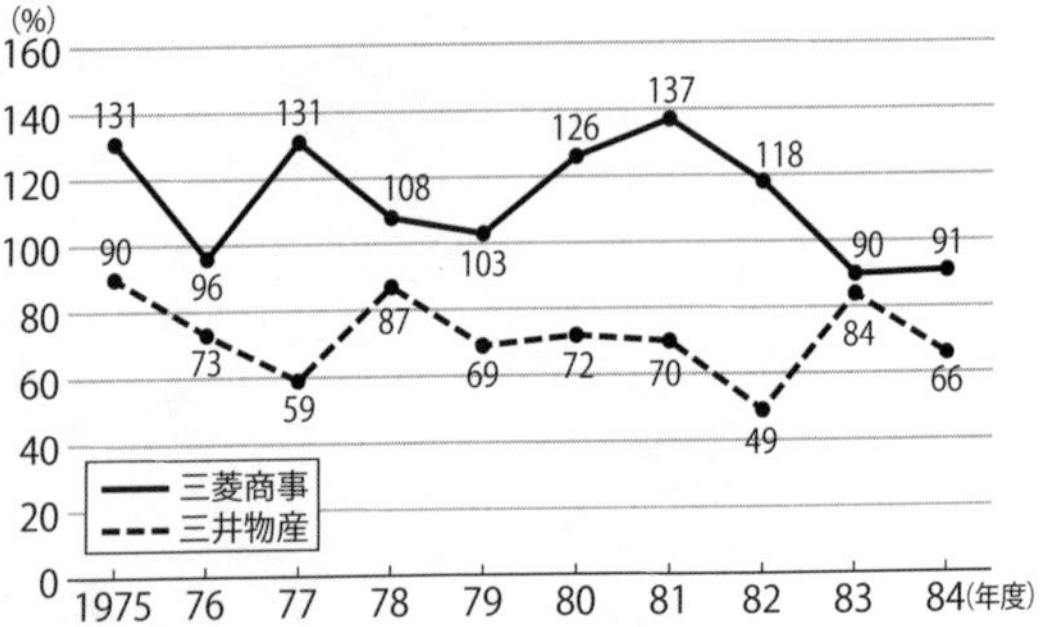

出所：有価証券報告書。
注：1976年度までは受取配当金、77年度からは受取配当金と関係会社受取配当金の合計。

おいて、「事前調査は徹底的にやったが、その結果途中で止めようと思ったことが何度もあった」と藤野も言うほど困難が多かったようです（八木［1987］三三頁）。

一九七二年一二月にはブルネイからのLNG船が大阪に入港して輸入が始まり、LNG輸入の巨大な市場を創造しました。現在に至るまで五〇年間、日本のエネルギー安定供給に貢献し続けるという大きな価値を実現しています。

その後のオイルショックによる石油価格の高騰がLNG価格を引き上げたことから、このプロジェクトは一九七五年度から毎年、二〇〇億円程度の受取配当金をもたらして業績を支えました。三菱商事の七五年度一年間の受取配当金の総額は三一八億円と、前年度の一〇八億円を大きく上回りました。七五年度から八四年度までの一〇年間、三菱商事の経常利益に対する受取配当金の比率は、常に九〇%を超えています。

当時ライバル関係にあった三井物産ではこの比率が約五〇〜九〇％程度であったことを考えると、このプロジェクトの成功がもたらした影響の大きさが分かります。

成功のカギとしては、調査能力、資金力や国内エネルギー企業との企業間関係などが重要です。しかしより決定的であったのは、「三菱商事を変革した男」とまで言われた藤野自身のリーダーシップ、個人的なネットワークなどであったと思われます。藤野は、アメリカで国務長官などを務めたキッシンジャーを代表に、世界超一流の権威や情報通に直接相談して、助言を受けていたと言われています。また彼は経営理念である三綱領を特に重視していたとされており、組織文化を体現しつつ慎重に決断したものと思われます。

このプロジェクトを通じて、三菱商事は資源開発事業に投資し必要な設備を建設して権益を確保するビジネスモデルを確立しました。この後も藤野の下で、資源開発事業を中心に、海外大型プロジェクトを仕掛け、オーストラリアでの鉄鉱石や原料炭、ザンビアでの銅地金、カナダでのパルプなど開発型投融資案件や長期大口輸入契約が増えていきました（同社ホームページ「プロジェクト事例ブルネイLNGプロジェクト」、「一九五四年〜第7話新規分野への積極的な進出〜ブルネイLNGプロジェクトなど、海外への投資を本格化」）。

総合商社のビジネス創造の典型的な事例としても、二〇〇〇年代になってから花開くことになる投資を中心とする収益モデル重視への転換の先行事例としても、とても重要です。

五　総合商社のビジネス創造の基盤

総合商社は常に新しいことに進んで取り組み、ビジネスを創造する力を持っています。繰り返し説明してきたように、ビジネスを創り出すことを、その使命としている業態です。その基盤には、経営資源であるヒト・モノ・カネ・情報など、多様なものを持っています。

ヒト（人材）

既述のように総合商社の社員は、一般にわが国で優秀とみなされる人たちです。実際、入社するのは大変ですし、出身大学を見ても入試難易度の高い著名大学ばかりです。また日本のサラリーマンとしては、高い給与額を得ています。もちろんその高い給与水準には、色々な意味でリスクのある海外の国に住んで働くこと、あるいは仕事の大変さに対する報償の意味が込められています。

モノを生産することに直接関わる場面の少ない業態ですので、ヒトが一番大切な経営資源なのです。総合商社の人材育成制度は、きわめて充実しています。たとえば、三菱商事では、キャリアステージとして、現場のプロ育成→経営実践→経営人材活用という形で、ステップアップしていきます。原則として入社八年目までに、全職員に海外経験を積ませます。また、欧米やアジアのビジネススクールへの研修生としての派遣、アメリカの著名大学教授陣などの協力を得たプログラムで構成されるイノベーション研修、組織を率いるポストへの就任者向けの組織リーダー研修などがあり、充実度は高いです（同社ホームページ「三菱商事の人材マネジメント」）。

特に近年は総合商社全体に、本社内で従来からの商取引などを行う現場が少ないことから、若いうちに現場を持つ子会社・関連会社などに出向して、リアルなビジネス経験を持つようにしていることも重要な人材育成の機会です。

そして、総合商社には色々な機能の専門家がおり、ビジネス創造を支える能力が充実しています。またすでに紹介したように、総合商社は社員の創業も支援しています。三井物産のムーンクリエイティブラボは、社員や組織からアイディアを発掘してビジネスを創造するための組織です。双日プロフェッショナルシェアは、三五歳以上の希望する社員のやりたいことを支援するキャリアプラットフォームであり、ジョブ型雇用の新会社です。

モノ

モノに相当する組織としての資源も、豊富に持っています。土地・建物、航空機・船舶、鉱山など目に見えるものがあります。そしてグローバルに展開する物理的なネットワークも同様です。日本貿易会『商社ハンドブック２０２２』によれば、総合商社のグローバルな拠点数は、七社を合わせて海外二一六都市に及び、わが国の政府の在外公館などの数とほぼ同じです。また、総合商社のグローバルに確立された企業ブランドも重要です。

総合商社の持つお金　（単位：10億円）

2022年３月31日	現金および現金同等物
三菱商事	1,556
三井物産	1,128
伊藤忠商事	612
住友商事	734
丸紅	579
豊田通商	653
双日	272

（参考）

トヨタ自動車	6,113
ソニーグループ	2,050
キーエンス	464
東京エレクトロン	274

出所：各社有価証券報告書。
注：キーエンスと東京エレクトロンは「現金および預金」。キーエンスのみ期末は３月20日。

カネ

ビジネスを展開する上で、場面によりもっとも重要な要素です。総合商社は、巨額の投資を行ってビジネスを展開します。たとえば、三菱商事のローソンや伊藤忠商事のファミリーマートのＴＯＢなどで動いた資金は何千億円の単位です。その投資を行うための資金調達を、大きな困難なく行います。総合商社が持つお金（現金および現金同等物）の二〇二二年三月末残高を見ると、わが国を代表する企業と比べても遜色がありません。

また投資という意味では、毎日のように新聞記事に挙がっている、ベンチャー企業への投資も多いです。さらに、伊藤忠商事がグループとして保有する伊藤忠テクノロジーベンチャーズのように、総合商社自身がベンチャーキャピタルを持っていますし、ビジネス展開でも様々な投資会社と連携して動いています。

トヨタ自動車などメーカーもベンチャー投資を行っています。しかしその投資先事業の領域は、ある程度その企業の本業の周辺になるのではないか、と思われます。総合商社のベンチャー事業には、領域の制限はほぼありません。

情報など

総合商社は世界中に拠点を展開して、情報・調査機能を発揮します。インターネットが発達して、国際的な情報通信の力が昔から比べれば飛躍的に強くなった現代においても、世界中で、地に足の着いた現場情報を収集し分析する能力を持っているのは、総合商社です。得られたリアルな情報を集約して、ビジネスの実践と創造に役立てています。

また総合商社が組織として、また商社パーソンが個人として持っているきわめて幅広い人脈、経験やノウハウ、常にビジネス創造を目指す組織文化なども、目に見えない資源として大事なものです。

六　マネーゲームの時代が収束に向かう可能性

二〇二〇年から大問題になっている新型コロナの流行に対応する経済対策のため、世界中の多くの国で大幅な金融緩和が行われました。これより前から、〇八年九月にアメリカの有力投資銀行であったリーマン・ブラザーズが経営破綻したことをきっかけにしたリーマン・ショック以降、各国は金融緩和政策を取ってきました。

ここでは、市中に出回っているマネーのうちM1*と呼ばれる現金と銀行預金を合わせたもの、つまりすぐに使えるお金に注目します。二〇〇九年から二一年の推移を見ると、M1は、各国の緩和政策を受けて大きくふくらみました。OECD全体では一二年間で七・九倍（日本は二・〇倍）です。特に、コロナ禍前の一九年からの二年間で、OECD全体では三・四倍（日本は一・二倍）と、急増しているのが分かります。世界中でカネ余りであったものが、新型コロナで加速したのです。しかしこの間、国民一人あたり名目GDPは一・五倍にしかなっていません（日本は一・三倍）。

わが国については前に紹介したように、二一年一一月、当時の矢野財務事務次官が、過度のバラ撒きによる国家財政の破綻リスクを指摘していました。

日本とOECDのM1と国民１人あたり名目GDPの推移

	M1				国民1人あたり名目GDP			
	日本		OECD		日本		OECD	
2009	↓	78.3	↓	56.8	↓	82.0	↓	82.1
2011		83.7		68.0		88.5		88.8
2013		90.9		82.3		96.4		94.5
2015		100.0		100.0		100.0		100.0
2017		115.5		120.0		101.5		107.5
2019		129.1		134.3		103.7		113.9
2021	2.0倍	157.2	7.9倍	450.0	1.3倍	105.2	1.5倍	121.2

出所：OECD Data。
注：2015年のデータを100として指数化した。

こうした政府の金融緩和政策が、リアルな世界の経済成長を十分な規模で実現できているのかどうかは疑問です。

さらに二〇二二年二月に始まったロシアによるウクライナ侵攻が、新型コロナの影響とともに、状況を複雑にしました。世界のインフレ傾向が強まり、主要国の中央銀行が金利引き上げと量的引き締めに入りました。それが景気を悪くする可能性があります。二二年七月時点には、Ｍ１がＯＥＣＤ全体で少し減少し始めています（日本は増加の傾向を維持）。

それではこうなる以前に、世界中でバラ撒かれた緩和マネーはどこに向かったのか。その多くが、株式や不動産、金などの貴金属、天然ガス、さらに高級時計などになだれ込んでいったようです。

単純な比較はできませんが、二〇〇九年とウクライナ侵攻が起こる前の二一年の色々なものの価格を比較すると、その上昇がはっきりしています。各国政府が目指した景気の拡大つまりＧＤＰの増大よりも、株式を中心とする投資対象になりうる資

色々なものの価格高騰（ウクライナ侵攻前まで）

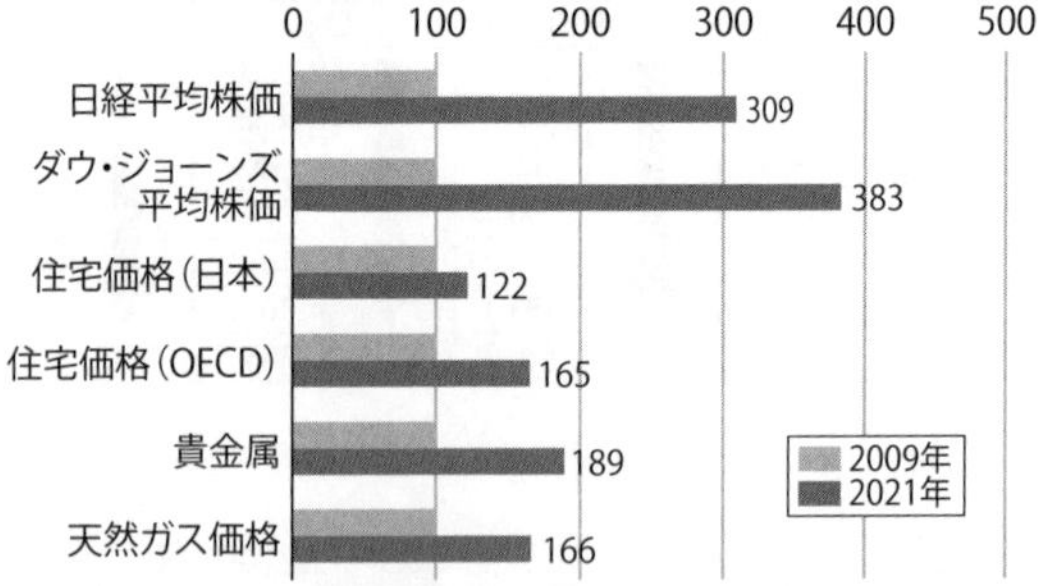

出所：日経平均株価は、日本経済新聞。ダウ・ジョーンズ平均株価は、ウォール・ストリート・ジャーナル。住宅価格は、OECD。貴金属と天然ガス価格は、IMF。

注：各データをもとに、2009年を100として算出した。株価は毎日の終値の年間平均値。住宅価格は、OECDが住宅価格、賃料などをもとに指数化した年間データ。貴金属は、金・銀・パラジウム・プラチナ価格をもとにする指数で，天然ガス価格は、日本、ヨーロッパとアメリカの価格をもとにする指数である。貴金属と天然ガスは月次データの年間平均値である。

産の価格上昇につながっていたのです。

株価は二〇二二年に入ってから下落傾向ですが、モノの価格上昇は二二年に入って激しくなり、天然ガス価格がヨーロッパで過去最高となるなど、世界的なインフレ傾向が大きな問題になっています。

これらの動向に関して、長期にわたって世界中で続いてきた金融緩和の時代が終わりに向かい、マネーの逆回転が起こっているように見えるのです。

そうなるまでの新聞や雑誌の論調、あるいは世界の政治家の発言などを見ても、このお金バラ撒きの結果、企業の業績がよくなったことや株価が上がったことを肯定的にとらえるものが多かったように思います。もちろん、経済対策として効果的であることは事実です。

しかし、なにかおかしいと思いませんか。単純に判断することは難しいのですが、過去十数年の各国の金融緩和政策は、結局はバブル経済を生んでいたのではないでしょうか。

二〇二二年に入ってから、FRBの金利引き上げもあり、米国の株価が下がっています。世界中で標準的な指標として語られるアメリカの株価ですが、リーマン・ショック後の〇九年三月九日、ダウ・ジョーンズ工業株価平均は金融危機時の最低水準まで下落し、一九九七年以降でもっとも低い水準となる六五四七・〇五ドルで取引を終えました。日経平均株価も、同年三月一〇日七〇五四円九八銭で取引を終え、終値としては株式市場の歴史に残る安値となったのです。しかしその後の長期的な金融緩和政策の継続もあり、世界各国で株価が高くなっていまに至りました。

経済は、常に好景気と不況を繰り返しています。一方的に好景気が続くことはありえません。そしていま、過去十数年間継続した金融緩和、超低金利の局面が終わろうとしています。世界中で長期にわたったマネーゲームの時代が収束に向かい、景気も停滞する可能性があるのではないか、と懸念されます。総合商社に対する巨額の投資を行った著名投資家・バフェットも、カネ余りで熱狂する投資心理の危うさを指摘しているのです（梶原誠［2022］）。

七　新型コロナやウクライナ侵攻以降の社会経済への対応

新型コロナの世界的な流行、それ以前から一般的な潮流になっている環境問題への対応（脱炭素の推進、ゴミの再資源化など）、そして、二〇二二年二月に突然始まったウクライナにおける戦争と世界全体での景気減速の懸念など。それらによって、今後世のなかがどうなっていくのか分かりません。

確かに言えることは、一九八九年（平成元）のベルリンの壁崩壊から続く、ソ連崩壊を受けた東西冷戦の終結、そして中国の改革・開放路線の加速による経済的な発展などを通じて、ある程度安定していた国際秩序が、壊れたことです。世界は大きく変化していきます。わが国にとってきわめて重要な、社会経済のグローバル化が終わったとまで言われる時代になったのです。

国際的な貿易も、アメリカのイエレン財務長官が、ロシアを強く意識しつつ言っているように、「「世界経済のあり方について一定の規範と価値観」を共有する「多数の信頼できる国・地域にサプライチェーン（供給網）を整備するフレンドショアリング」を目指す」ことになっていくでしょう（フォルーハー［2022］）。このフレンドショアリング（friendshoring）は、ウクライナ侵攻をきっかけにメディアなどでしばしば取り上げられるようになった言葉で、ベルリンの壁崩壊後、世界的に大きく進展した経済のグローバル化の質が根本的に変化したことを示しています。強権主義を維持する中国やロシアとの付き合い方は、これらの国々との関係が重要であったわが国にとっても、きわめて難しい問題になっていきます。単に効率性と低コストを実現できるからと、色々な国にグローバルなサプライチェーンを広げることが難しくなり、企業のリスクが大きくなります。

近年の企業統治の世界でも、物言う株主などは企業に対して、利益拡大や株価上昇を求めるだけではなく、ESG*など社会的観点からの要求を強めています。総合商社に対しても同じです。株主優先から変化し、顧客・従業員・地域社会など幅広いステークホルダーの利害も重視するべきだ、という考え方が目立つようになりました。新型コロナに関連して、アメリカの製薬メーカーの株主総会では、株主であるNGOがワクチンの特許や製造技術を低中所得国のメーカーに供与することを要求しました。企業に対する社会的な価値観からの要求は、今後も強くなっていくものと思われます。

総合商社は典型的な営利企業であり、「儲かるかどうか」が、もっとも重要な価値観であることは間違いありません。しかしそこに、財務的な観点だけではなく、より社会的な観点を加えることを、株主などステークホルダーから要求されることも、増えていくでしょう。すでに、二〇二一年六月の住友商事の株主総会で、オーストラリアの環境NGOが、気候変動緩和のための事業戦略を記載した計画の策定および開示を定款に規定することなどを求める提案をして、否決されました。住友商事は、この株主総会の前に、取締役会意見として、提案されている計画の策定や開示にはすでに取り組んでいること、定款に個別具体的な方針などは定めないことを発表していました。なおこのNGOは二二年六月の三菱商事の株主総会でも同様の提案をしました。取締役会が反対決議をして、株主総会でも否決されています。こうした気候変動問題に関連して、両社以外の各総合商社が、前向きに対応を進めていることは事実ですし、グローバル市場を見る際、企業統治の観点から重要な課題になります。

その一方、環境関連や社会貢献の領域で、総合商社は営利事業としてのビジネスを展開し始めているのです。たとえば、伊藤忠商事の海洋プラスチックごみの資源化があります(同社ホームページ「海から世界を変える ITOCHU の挑戦。」)。豊田通商も、子会社を長崎県五島市に設立し、医療用医薬品のドローン配送事業を通じて、過疎地・離島の社会課題の解決に貢献しようとしています(同社ホームページ「長崎県五島列島で医療用医薬品のドローン配送事業を開始」)。長続きするためには、ビジネスとして成り立つことが大前提ですが、企業の取り組みとして注目されます。

さらに、話題になっているサハリンⅠ・Ⅱ*や開発中のアークティックLNG2*については、執筆時点で、総合商社各社はすでになんらかの損失を認識していますが、日本政府の意向もあり事業を継続しています。しかしこうした事業に出資していた欧米企業は、すべて撤退したり、減損損失を計上したりしています。サハリンⅠのエクソンモービル（アメリカ）、サハリンⅡのシェル（イギリス）、そしてアークティックLNG2のトタルエナジーズ（フランス）です。これまでのように、ロシアと協力して石油・LNG開発を進めることは難しくなっています。西側諸国が脱ロシアを全面的に進めるなか、国家としても重要な課題になり、総合商社がどう対応していくのか注目されます。総合商社にとってはレピュテーションリスク*もあり、簡単ではありません。

このように総合商社を取り巻く政治経済や社会の環境は、常に変化していますし、本書の執筆を企画してからも、激変が続いています。

そしていま、わが国企業のグローバル市場に向けた展開が必要であることは明確ですが、メーカーの海外生産比率が高まってきたことから、日本に残った企業の競争力が衰えているとされているのです。

激変した環境に対応してグローバルな事業展開をどのようにうまく進めていくのか。総合商社にとっても、この課題の解決策の重要性が高まっています。

八　これからのわが国を支えるのは総合商社

グローバルにおける社会経済の情勢が不連続な変化を起こしているいまこそ、総合商社の活躍の時です。情勢の変化に対して、業法などに縛られることなく自由な発想で、新しいビジネスを次々に創造していく。その動きを中心になって進めるのが総合商社です。

ロシアのウクライナ侵攻によって、世界は新しい冷戦の時代に入ったとまで言われています。本書が出版されるころ、世のなかがどうなっているのか、まったく予想もできません。しかし、大きく変化した世界の社会経済のなかで、貿易の活動はおそらく低効率が続くでしょう。結果としての低成長、そして高コスト化の可能性は否定できません。そうした動きを前提に、日本はどのようにして、国としての繁栄・国民生活の豊かさを維持していくのでしょうか。これまでに指摘した数々の問題点を乗り越えて、国家としてどう経済活動を展開していくのでしょうか。この場面でこそ、わが国が衰退していくのを止めるためにも、新しく巨大なビジネスを創造する必要があります。そして、大きな変化のなかにチャンスが生まれてくるのです。

世界に通用する新しいビジネスを生み出していくために、総合商社の力が求められるようになります。複雑化したグローバル市場への対応がカギになる以上、世界の社会経済のフロンティアで、体を張って活動している人材とそれを可能にする組織が必要なのです。先が見えない変化の時代、次の新しいビジネスのネタはなんなのか、それを肌感覚で理解して実際の仕組みを創り動かしていくしかありません。これからどんな新しい産業や商品・サービスが出現するのかも予測できません。特定の分野に対するこだわりなく、新しいビジネスの仕組みすなわちビジネスモデルを創っていくことが必要なのです。

総合商社は世界中の主要な都市に拠点を展開し、人材を置いています。海外にいる総合商社の人材は、担当ビジネスの仕事に注力しつつ、より広くそれぞれの国や地域社会・制度・文化などを理解しようとします。その国や地域の専門家になろうとするわけです。ここで人と人、組織と組織のつながりが、商社ビジネスの根幹であることは、いまも変わりません。それぞれの場所で、人と出会い足で歩き回る。額に汗して稼ぐ。こうしたことを地道に繰り返す人材、そしてその活動を支える組織こそが、変動の時代に必要なのです。もちろんそこでは、複雑な政治を含めた社会経済のリアルな構造のなかで、「うまくことを進める」能力が必要になります。そうした人材を育成して組織のなかで動かしている総合商社の持つ力が発揮される余地は、いまこそ大きいのではないでしょうか。

すでに総合商社は、今回のウクライナ侵攻にも関連して、新しい動きを始めています。

たとえば、三菱商事は二〇二二年度、グローバルインテリジェンス委員会（GI委員会）を新設して、激変する外部環境への対応力をさらに強化しています。

総合商社がこれからのわが国のために力を発揮する場、新しいビジネスを創造する場として、いくつかのものが考えられます。経済の力による発展途上国への貢献と、サプライチェーンの構造変化への対応が重要です。

第一に、経済の力によって発展途上国に貢献するための、総合商社ならではの働きがありえます。強権主義の国に依存する発展途上国などを、民主主義陣営に引き戻すには、経済の力が重要になります。その必要性にわが国は、軍事力による貢献ではなく、経済力で貢献するのです。わが国の政府もグローバルな環境の変化を受けて、発展途上の国々との連携を深めようとしています。当然そこでは、なんらかの経済的なメリットをそれらの国々に提供することが、求められると思われます。政府の動きと一体になって、最前線で発展途上国の経済的な豊かさ向上に協力できるのは、現地に身を置く総合商社なのです。二〇二二年八月にチュニジアで開かれた第八回アフリカ開発会議（TICAD8）でも、各総合商社が脱炭素化やデジタル化の覚書をアフリカの国と交わして、前進しています。

第二に、予測されるわが国のサプライチェーンの構造変化への対応です。おそらく、民主主義陣営と強権主義陣営の対立は、長期間にわたるでしょう。フレンドショアリングを実際に機能させて、お互いが信頼し合う国同士が、地域単位でサプライチェーンを構築することになります。

これまでのように、単純にコストが低いからと発展途上国などに進出するのは、難しくなります。効率性と低コストを求めるジャストインタイム型の対応から、危機対応に備えるための柔軟かつ強靭性のある対応が必要になるのです。そこでは、調達先の複数化、つまり、現在の調達先に加えて新しい候補先を確保することが求められます。そのために、地に足の着いた現地の情報を持ち、人脈も組織としてのつながりもある総合商社の機能が活かされてくると思います。それぞれの国や地域の政治・社会情勢を見きわめて対応する顧客企業の活動を、総合商社の機能を活かして支援します。新しい構造のサプライチェーンを含むビジネスモデルを創造することになります。グローバリゼーションが形を変えている以上、それに対応する能力を持っている組織、総合商社が活躍するのです。

ただし、ここまでに述べてきたように、総合商社とはなにをその本質的な機能としているのかについての、一般社会の理解は十分ではありません。本書を出版する理由は、そこにあります。繰り返しますが、総合商社はビジネスを創る企業です。総合商社が、独自の機能を発揮し巨大組織の力を活かして、いま、必要な動きをリードして日本を支え貢献する。素晴らしいではないですか。

終章　若者よ、総合商社を目指せ

一　わが国経済の現状と総合商社

ここまでの記述から分かるように、わが国の社会経済が置かれている状況は、閉塞感を増しています。このことを素直に認めることから、すべてが始まるのではないでしょうか。人口減少・少子高齢化、成長しない経済規模、増えない給与額、広がる格差、ふくらむ国・地方の借金、経済の規制緩和の遅れ、DX後進国の現実など。問題は山積みです。しかし、日本人や日本社会、あるいは日本企業が持っている素晴らしい面はたくさんあるのです。それを十分に活かしきれていないことが、全体の閉塞感を生んでいると言えるでしょう。

なにより人口については、テスラ創業者のイーロン・マスクに「日本はいずれ存在しなくなるだろう」とまで言われてしまいました（日本経済新聞［2022］）。たとえそれが世界の色々な国々で共通の課題であるとしても、悲しくなります。確かに、現在のままの傾向が続けば、遠い将来、日本人がいなくなる可能性はあるのです。行政も種々の対策を打っているようですが、残念ながら少子高齢化は加速しています。

また、拡大しないGDP、増えない労働者の給与額、そしてアメリカほどではないにしても、広がる所得の格差も大きな問題です。

さらに、国と地方の借金も増え続けています。第五章で、二〇二一年の矢野財務事務次官の提言を紹介しました。政治の世界からの批判はありましたが、その後も事態は改善の兆しを見せることなく進んでいます。財務省によると、国の借金（国債、借入金と政府短期証券の合計額）残高は二二年六月末時点で、一二五五兆円と、増え続けて過去最多を更新しています。日銀が金利を低く抑え込んでいるので、現在の国債などの利払費は小さいです。しかし、世界的な金利上昇傾向のなか、この状態がいつまで続けられるか分かりません。借金は借金であり、この問題を避けて通ることはできません。企業がなぜ倒産するのかといえば、借金をした上でお金が銀行口座になくなるから倒産するのです。決算が黒字であってもです。円安の定着と世界的な傾向としての物価高が続けば、政府の政策対応により歳出がさらに増える可能性もあります。当然のことですが、こうした借金は将来の労働者、つまりいまの若者たちの負担になるのです。

経済の規制緩和とDXの遅れも、今回の新型コロナの感染拡大を受けて医療のオンライン化が進展するなど、少しずつ改善はしています。政府もアナログ規制の一掃などを表明しましたが、まだまだ課題は多いです。

わが国がこうした閉塞感のなかにあるいま、グローバルな社会経済の変化は、企業行動の革新をうながしています。サプライチェーンの構造も変化します。二〇二二年に入ってから、中国の厳格な新型コロナ対策を受けて、これまでにあった他の国に調達先を移す動きが加速しているようです。縮小する国内市場に依存せず、グローバルな展開を常に求めるしかないわが国企業の対応は、必然です。

ベンチャー企業という形であれ、既存企業の新規事業開発であれ、いまこそグローバルに通用する新しいビジネスをこの国から生み出すことが必要なのです。激変はチャンスです。太平洋戦争が終わって、ソニーやホンダ（本田技研工業）のようなベンチャー企業が生まれて育ち、グローバル企業になりました。それと同時に、戦前からあったトヨタ自動車、三菱重工業などが、太平洋戦争で荒廃した国土のなかからよみがえり、グローバルに発展していったのです。これらの企業が、苦闘しつつ新しいビジネスを展開することによって、戦後のわが国の経済的な発展を支えたのです。

しかし、現状を見ると、すでに指摘したように、わが国をリードする大企業の顔ぶれは、ほとんど変わっていません。アメリカ企業の顔ぶれの変化との違いは大きいのです。つまり、新しいグローバルに通用する大きな企業を生み出せていません。

筆者の知るところでは、フリマアプリを提供するメルカリは、明らかにグローバル市場を志向しています。会社の「Mission」で、「新たな価値を生みだす世界的なマーケットプレイスを創る」と明言しているのです。こういう志を持ってグローバル市場に挑戦し大きなビジネスを創り出す存在が、もっとたくさんこの国から出ることが求められています。

ここで、総合商社が歴史的に果たしてきた働きを、もう一度見直すべきではないでしょうか。総合商社は明治時代の創業時から、その時々に活躍を始めた産業のグローバルなビジネス展開を、各企業と一体になって進めて貢献してきたのです。そしてそこでは、総合「商社」なる存在が、単なる商取引の主体ではなく、ビジネスを創造することを使命とする企業であることが、あらためて確認できます。総合商社は、新しいビジネスモデルをパートナー企業と一体になって創り上げて、経済発展に貢献してきたのです。

わが国で新しいビジネスの構築が求められるいま、総合商社の力が重要ではないか、この大組織がその機能を使って貢献できるのではないか、と考えています。ベンチャー企業がグローバルに出ていく場合も、既存企業が新しい事業をグローバルに展開する場合も、総合商社がそれらの企業をパートナーとして、あくまでも「黒子」ではありながらも、市場を創造し価値を生み出していくために機能を発揮するのです。

グローバルに通用するビジネスの創造を、パートナー企業と一体になって実現するために、組織として持っている力を発揮する。その総合商社の働きが、いまほど求められている時代はないのかもしれません。

二　なぜ総合商社が日本を支えるのか

総合商社は、組織としてビジネス創造を行うために必要な経営資源を持っています。ヒト・モノ・カネそして情報など、それぞれについて、組織として十分な経営資源を持っていると考えられます。

特にヒトについては、人材の優秀さなどを紹介しました。組織内に、金融、ロジスティクス、情報・調査、リスクマネジメントなどの優秀な専門家人材を擁して、営業部門担当者のビジネス創造活動を支える力は、他の企業にはないものでしょう。いまも昔も、総合商社では、ビジネス活動自体は、営業部門の担当者が進めます。かつて中心的な収益モデルであった商取引の場では、新しい顧客にアプローチする、それまでにない販売代理店網を構築する、新商品を取り上げて販売先を開拓することなどが、営業担当者の仕事でした。そして、事業投資が総合商社本社の重要業務になっている現在、本社の営業担当者は新しい投資案件を発掘し、社内的な意思決定を進めて稟議を通し実際に投資して、場合によってはその投資先に出向して実体のあるビジネスの創造を自分で行います。その担当者の活動を、様々な領域の専門家が助言して支える体制が確立されています。

営業担当者が主導する総合商社のビジネス創造

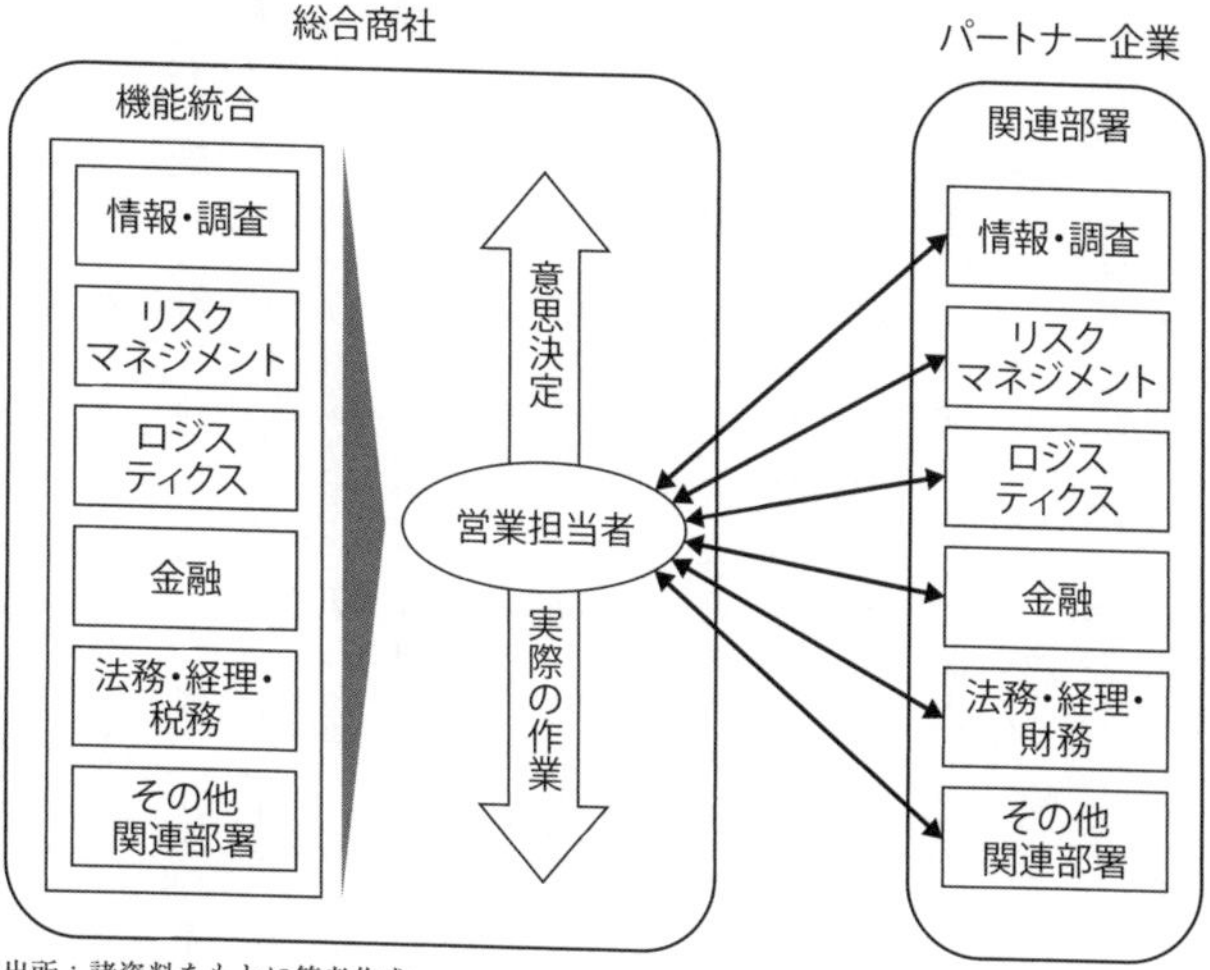

出所：諸資料をもとに筆者作成。

当然のことながら、ここで重要なのは、総合商社の営業担当者が、そこで投資する事業自体については、深い知識と経験を持った専門家ではない、ということです。たとえば、コラム5で紹介した三井物産の病院経営事業への進出では、医療ビジネスあるいは医療行為について、商社パーソンは専門家ではありません。派遣されている出向者が担当する仕事も、戦略策定とその組織としての実行管理、他国への進出を含む事業推進など、商社パーソンとしての経験と強みを活かして担当できるものです。医療行為自体をするわけではありません。しかし、ビジネス創造のプロセス全体は、幅広く色々な関連領域の知識を持つゼネラリストである営業担当者が、周辺の専門家人材に支えられて進めるから、オーガナイズできるのです。

一般に総合商社では、こうしたビジネス創造案件について、プロセスにおける活動は、営業担当者（一人とは限りません、上司を含むチームです）がすべて行い、結果責任を負うのです。そういう組織文化であると言ってしまえばそれまでなのですが、組織としてこの体制ができていることが、総合商社の強みです。責任が明確である、プロセス全体を進めるスピードが速くなる、そうしたメリットが期待できます。そこでは、社内の専門家の支援、国内外の先端企業との関係、巨大な資金力などが重要です。

こうした営業担当者は、おそらく、地頭がよく行動力と体力があり、コミュニケーション能力、気配りなどもできる人材でしょう。この類型の人材が、組織の力を利用して、新しいビジネスモデルを創り上げて、わが国を支えていく原動力になるはずです。

個人がガレージで起業して成功するイメージが強いGAFAM*のようなパターンよりも、組織の力を使いこなすなかで、個人的な力を発揮してビジネスを創造するパターンの方が、日本人に合っているのではないでしょうか。その意味で、明治時代の産業革命や戦後の高度経済成長を支えた総合商社の力が、ますます重要性を増してくると思われます。

総合商社のビジネス創造で活躍する営業担当者は、多くの場合若手社員であるということも重要です。若者に思いきって任せる文化を持っている組織の力を利用して、個人による創業では描きにくいビジネスのスケール感で活躍できるわけです。もちろん近年の総合商社が用意している社員の起業を支援する制度なども、その延長線上にあるものです。

そして歴史的な事実として、総合商社は、わが国の企業のビジネスモデル構築を黒子として支えて、成功に導いてきました。

明治時代、三井物産はまだ競争力を十分持てなかったわが国の綿紡織産業の中国への展開を支援してビジネスモデルを創り上げました。それによって産業革命が推進されて、わが国の経済が順調に発展したのです。また太平洋戦争後、国内企業の発展を支えたのも、総合商社のビジネス創造の働きでした。その過程では、LNGの輸入などの、わが国へのエネルギー供給を支える巨大な事業を創ることにも成功しています。

ここでもう一つ重要な点は、総合商社のビジネス創造には、領域の制限が実質的にない、ということです。総合商社には業法もなければ、この領域に行ってはいけないというものも、法令や倫理に反しない限り、ほぼありません。チャンスがあるところならどこにでも出ていくことができるのです。

グローバル市場において柔軟な形で新しいビジネスを創造する力を持つ総合商社が、日本の社会経済に貢献することへの期待は大きいと考えています。

三　新時代の総合商社

既述のように、二〇二二年に入ってから、世界的なインフレ傾向の進展を受けて、アメリカのFRB*や欧州中央銀行などが、金利引き上げと金融緩和縮小を進めています。マネーゲームの時代が終わるかもしれないのです。あり余るお金が投資先を求めて流れ込んでいた株式、不動産、仮想通貨や貴金属などの価格が下がっていき、お金を調達することの難しさが増していく可能性もあります。

同時に、世界中のサプライチェーンが動きにくくなっています。強権国家の行動に対する不信感から、効率性と低コストのジャストインタイム型ではなく、リスクを小さくできる柔軟かつ強靭な型のサプライチェーンを複数確保する動きも顕著になります。

そこでは、実体のあるビジネス、マネーゲームではないビジネスの見直しがされていくのではないでしょうか。マネーが生む価値ではなく、モノあるいは実際のサービスを提供するリアルなビジネスが生む価値が重要になるのです。

また、企業の評価についても、これまでのように、単に株主にとっての価値の極大化、つまり、売上高・利益を大きくして株価を上げ配当金を増やすことを第一に考えるだけでは、評価されにくくなるでしょう。株主以外のステークホルダー、たとえば消費者、従業員、地域社会あるいはグローバル社会、行政機関などにとっての価値を生み出すことも重要となります。SDGs*やESG*への考慮は、いまや投資ファンドなどが企業を見る際に、あたり前の価値観です。総合商社もNGOから株主総会で環境関連の株主提案を出されていますし、対応する活動も、実際のビジネス面を含めて進めています。より幅広い価値観で経営を進めるよう、社会の要求は厳しくなっています。そこでは、世界で色々なステークホルダーとの関係を活かして、リアルなビジネスを幅広く展開してきた総合商社が、活躍する局面が増えるものと考えています。

そして総合商社が金融機関や投資ファンドと決定的に異なるのが、そのリアルなビジネスの現場を数多く持っているところです。三井物産会長であった飯島彰己も、「『現地・現物・現場』を重んじる三現主義は、商社の人間にとっては仕事の基本」と述べています（飯島［2021］一七四頁）。また、住友商事副社長から、レンゴーの社長・会長を歴任した大坪清は、新入社員だったころ、板紙会社に出向していました。創業者に「ドライヤー（製紙の工程で、乾燥させて紙を作る機械）の下で寝た者でなければ紙漉《す》きの気持ちは分からない」と言われたそうです。実際に工場に泊まり込み、構内にゴザを敷いて一晩過ごし、床に寝転がって耳を澄ました経験をします。そうした努力によって、紙を漉く機械がどんなものであるか分かってきた、と語っています（大坪［2020］）。こういうリアルな現場経験と知識を持っていることが、ビジネス創造においてカギとなるはずで、多くの商社パーソンは何らかの現場経験を持っているのです。

もちろん現代の総合商社の本社には、そうした現場のあるビジネスを展開している部署がたくさんはありません。しかし子会社・関連会社などでは、特に若手社員が出向などの形で働いていて、昔からの商取引にとどまらず、実際のモノ作りの工程に入り込んだりして、現場を経験しているのです。そうした経験を持った上で、ビジネスを創り出す動きをするようになるわけです。

これまでのまとめになりますが、総合商社は明治時代の創業期からいまに至るまで、パートナー企業と一体になって価値を生み出すビジネスモデルを創り、結果として自社の収益モデルを稼働させて、利益を上げてきた存在です。収益モデルは、かつては商取引によるものが主流でした。その後、主要な顧客であったわが国のメーカーが貿易取引の力などをつけてきた結果、商取引だけに依存していては存立できないという強烈な危機意識から、投資によって利益を上げる収益モデルに力を入れてきたのです。

これから先、時代の変化のなかで、総合商社の企業システム、特に収益モデルがどのように変化していくのかは、分かりません。しかし、総合商社の機能の本質が、ビジネスを創造する、つまり新しいビジネスモデルを構築することである、という点は変わらないのです。この変わらない中核的な機能を守りつつ、自社の収益モデルや事業領域などは柔軟に変化させる。その融通無碍さが、総合商社の命であり、過去約一五〇年にわたって業態として存在できてきた理由なのです。

総合商社は、これからますます期待されるわが国の企業のグローバル市場への発展を支える、日本発の真のビジネス創造企業です。いま産業に求められている脱炭素やＤＸの動きに合わせて、社会にとっての新しい付加価値を生み出して、色々な意味でこの国の経済を維持し発展させていくために貢献できるはずです。

なお総合商社については、バークシャー・ハサウェイの大手五社に対する投資があって一時的な注目を集めたとしても、いまもなお、なにをする企業なのか一般社会から十分な理解を得ていない事実があります。株価も、コングロマリット・ディスカウント*によって厳しく評価され、高くなりにくいようです。筆者は、総合商社の評価に関して、「新しく創造されたビジネス」による収益・利益がどの程度寄与しているのか、という視点も必要であると思っています。アメリカの素材メーカー３Ｍが新しく開発した製品の売上高に占める比率を一つの経営指標として重視したように、そうしたデータを算定して公開すれば、評価されやすくなるかもしれません。

四　これからの若者への期待

わが国の社会経済を取り巻く環境は厳しさを増しています。特に若者にとって、決して望ましい環境になっているとは思えません。さらに二〇二二年二月に始まったウクライナ侵攻が、決定的な変化を与えたとされます。世界は二分され、民主主義陣営と強権国家陣営との間で、様々な対立が表面化し始めています。

資源のない国であり、さらに国内では市場が縮小する日本。企業は、これまでより一層積極的にグローバル市場に出ていって戦うしか、道はないでしょう。複雑化する世界のなかで、いかにうまく色々な企業や国とのビジネスを進めていくか、それが重要になります。フレンドショアリングの方向で、単に同じ価値観だからということで特定の地域・国とビジネスを行うだけでは、大きな発展は望めないと思われます。いかに、強権国家陣営あるいはそれに近い国・地域とうまくビジネスを展開するかも、重要になるでしょう。複雑な国際情勢を前提にビジネスを創造していくための組織的な能力が問われる時代です。

こうした現在に、日本という国を本拠地として生きていく若者たち、国の将来を支える若者たちには、素直な目で変化を見て、大いにチャレンジをしてほしいと願っています。

それしかこの極東の島国において、未来に向かって国民が平穏にそして幸福に暮らすことのできる社会を維持していく方法はないのではないか、そう感じています。

もちろん将来有望な若者たちには、あらゆる道が開けています。それぞれが自分に合った得意なことを天職とすることが、幸せにつながるでしょう。しかし現実には、多くの人が、企業に就職してビジネスの世界で生きていく道を選ぶことになると思われます。

この閉塞感の強いわが国の社会経済を変えていくためには、政治あるいは行政という世界もあります。しかし政治や行政の役割は、制度を用意し大きな方向性を示して、企業の活動に刺激を与え、場合により規制することです。それはそれで大事な役割なのですが、実際にビジネスを動かして付加価値を生むわけではありません。リアルなビジネスを動かして、この国を豊かにしていくのは、企業の責任です。ビジネスの実行を通じて経済的な付加価値を生む企業が、わが国を変える働きをすることが重要だと思います。将来を嘱望される若者たちには、ビジネスの世界に入って、高い志を持ってグローバルに活躍してほしいと考えています。そしてできれば、その場所として総合商社を選んでほしい。

なぜ色々な企業があるなかで総合商社なのか。それはここまで記述してきたように、総合商社が歴史的に変わらず持っている、本質的なこの業態でなければ実現できない機能、すなわちビジネスの創造が、これからのわが国にとってきわめて重要になるからなのです。

そのビジネス創造も、わが国では、個人がベンチャービジネスを起業して行う、というものではなく、組織としての動きであることが効果的だと思います。巨大なビジネスを、グローバル市場を目指して創り上げるには、日本人のメンタリティや現実を考えると、組織の力が必要です。何度も言いますが、アメリカで個人が創業したベンチャー企業から発展して、いまや世界を代表する大企業になったGAFAM*各社の成功を意識しすぎるのは、いいことではない。アメリカ人と日本人とでは、行動のパターンが違うのです。個人が起業して大成功、グローバル市場でも活躍しているという例が、近年の日本発のベンチャー企業でどれだけあるでしょうか。総合商社が持っている枠組みのなかで、すでにある組織の力を利用し、大きなビジネスを創り上げるやり方が、日本人の持っている集団性や組織への忠誠意識、リスク回避的な気質などに合っていると考えます。

こうした日本人の特性は、悪い方向に働かない限り、強みでもあるはずなのです。個人の事業から発展させて、グローバル大企業を創り上げることも素晴らしいです。しかし、組織としてそうしたビジネス創造の実現を目指す方が、成功確率も高く、人生の安全保障の観点でもより優れているのです。

ここでは、総合商社の給与水準の高さ、人材育成制度の充実、ビジネスを創造するための専門家による組織的支援のレベルの高さ、持っている巨大な資金力とグローバルなネットワーク、ビジネス創造を志向する文化などが大切な要素になります。総合商社の組織力を利用して、パートナー企業とともに市場を創造し、なんらかの新しい価値を、それも単に企業としての価値ではなく、社会経済全体のための価値を創り出す。本書の各コラムで紹介した、過去に総合商社が実現してきたビジネスの創造は、単に企業に利益をもたらすだけではなく、社会経済全体に価値をもたらすものでした。若者たちにとって、素晴らしくやりがいのある仕事であり、壮大なロマンを感じさせます。

さらにいまは、総合商社も、社員が個人的に創業することを、組織として支援しようともしています。総合商社の組織力を使って、一体になり巨大なビジネスを創り上げることを目指すのも、悪くはありません。

もちろん、総合商社本社に就職するのは大変です。ただ、新卒採用でも毎年、総合商社七社で一〇〇〇人近い数の学生を採用しています。総合商社グループという目で見るなら、さらに機会は増えます。総合商社がグループとして展開するビジネスのなかに入って活躍することと自体は、そんなに困難ではないと思います。

そしてなにより、総合商社の仕事は、エキサイティングです。日本を、世界を変えるという大きなやりがいを感じつつ、なにかを創り上げるプロセスの一員として活躍する。素晴らしいことではないでしょうか。若者よ、総合商社を目指せ、です。

あとがき

本書を出版することになってから、急に世界が変わり始めました。二〇二二年（令和四）二月の、ロシアによるウクライナ侵攻です。思ってもいなかったような本格的な戦争が起こってしまいました。その結果、世界はふたたび冷戦状態になったとされています。近年、新型コロナウイルス感染症の世界的な流行、アメリカと中国の対立の先鋭化などがありましたが、さらにこの戦争です。民主主義国家と強権主義国家の世界的な対立は、当然、総合商社がグローバルに展開するビジネスにも、大きな影響を与えるでしょう。

特に、総合商社はサハリンⅠとⅡ*などロシア関連の重要事業を抱えており、日本政府の意向と合わせて、対応を進めています。ここで問題は、ロシア事業を継続することによって、プーチン政権を支援していることになるという悪評が立って、レピュテーションリスク*が大きくなり、株価などに悪い影響を与える可能性があることです。今後の世界情勢とわが国政府、各総合商社の動きから目を離すことができません。

正直、こんな時期に本書を執筆することになるとは、思いもしませんでした。急に、先の見えない時代になってしまったのです。

ウクライナ情勢やロシアの動き、そしてグローバル経済の状況も、本書が出版されるころ、どうなっているのか分かりません。確かに、資源高や円安もあって、直近の総合商社の業績は、過去最高を記録しました。多くの総合商社が非資源分野に力を入れる方向にあったところに、この皮肉な結果となりました。しかし、直近のグローバルな社会経済の状況を考えると、様々な追い風を受けた好決算が長期的に継続できるかどうかは分かりません。各社が目指しているように、非資源分野の充実、また資源分野でも再生エネルギーや次世代燃料への注力などが、一層強く求められていくでしょう。

ただ本書で繰り返し説明してきたように、こういう激変の時代にこそ、これまでにないビジネスモデルが求められ、新しい事業が創造されるのです。わが国における、明治維新や太平洋戦争の終結が、そうした動きのきっかけになったことと同様なのです。

そしていま、過去何十年にもわたって低迷してきたこの国の経済を、ふたたび活性化することが強く求められています。そこでは総合商社がその本質的な機能として持っている、グローバルに展開するパートナー企業と一体になってビジネスを創造する力、様々な機能や経営資源が、必ず役に立つのです。

いまを生きる若者たちに、総合商社を目指してほしい、そう願っています。こうしたある意味で革命的な企業の動きが求められる時代にあって、黒子ではありますが、その中核で企業を支える総合商社で働きたい、この国を衰退から救うために貢献したい、そう考えてほしいのです。本書がそのきっかけの一つとなってくれれば幸いです。

なお本書の執筆にあたって参考にさせていただいた書籍、記事、論文、データなどを提供しておられる、総合商社や日本貿易会、総合商社の研究者、アナリスト、メディアなどの皆様に、心より感謝申し上げます。そして、本書の企画から出版まで、懇切な助言と支援をいただいた、平凡社の編集者である進藤倫太郎氏に、心からの感謝をささげます。

二〇二二年一一月

猿島弘士

参考文献

垰本一雄『総合商社の本質――「価値創造」時代のビジネスモデルを探る』白桃書房、二〇一八年
田中隆之『総合商社の研究――その源流、成立、展開』東洋経済新報社、二〇一二年
小林敬幸『ふしぎな総合商社』講談社、二〇一七年
日本貿易会（調査グループ）編『商社ハンドブック２０２２』二〇二二年

第一章

大森一宏・大島久幸・木山実編著『総合商社の歴史』関西学院大学出版会、二〇一一年
島田克美・黄孝春・田中彰『総合商社――商権の構造変化と21世紀戦略』ミネルヴァ書房、二〇〇三年
情報企画研究所経済協力通信部編『経済協力・プラント輸出便覧１９９１年版』情報企画研究所、一九九一年
栂井義雄『三井物産会社の経営史的研究――「元」三井物産会社の定着・発展・解散』東洋経済新報社、一九七四年
長井実編『自叙益田孝翁伝』中央公論社、一九八九年（原著は一九三九年）
日経ビジネス編『商社――冬の時代』日本経済新聞社、一九八三年
日本貿易会（調査グループ）編『商社ハンドブック２０１３』二〇一三年

藤野逸郎「三菱商事、ローソン子会社化」『日本経済新聞』二〇一六年九月一八日
逸見啓・齋藤雅通『三菱商事・三井物産――国際化時代を生き抜く総合商社』大月書店、一九九一年
松元宏『三井財閥の研究』吉川弘文館、一九七九年
御園生等「総合商社は斜陽であるか」『エコノミスト』第三九巻第二一号、一九六一年
薬文江「三井物産、セブン支える『裏方』　次の照準はECインフラ」『日経産業新聞』二〇二一年二月一九日

第二章
池冨仁・岡田悟・片田江康男・山口圭介「特集 六大企業閥の因縁 三井・住友・三菱 芙蓉・三和・一勧」『週刊ダイヤモンド』第一〇五巻第二九号、二〇一七年
浦中美穂「丸紅、サハリン1の投資価値八〇億円減額 四－六月期純利益は七九・八％増」『ロイター』二〇二二年八月五日
日本経済新聞［2022A］「損失・純資産減額2700億円 6社 LNGなどロシア関連」二〇二二年五月一一日
日本経済新聞［2022B］「丸紅、純利益90％増、ロシア関連損失252億円」二〇二二年五月七日

第三章
飯島彰己「三井物産会長 総合商社を『創造』商社に」『文藝春秋』第九九巻第二号、二〇二一年
笠原里穂「年収が高い会社ランキング［平均年齢40代前半・500社完全版］」『DIAMOND Online』二

〇二二年四月二五日
楠木建「総合商社は『経営人材が育つ場』」三菱商事編著『BUSINESS PRODUCERS 総合商社の、つぎへ』日経BP社、二〇一五年
経済産業省資源エネルギー庁『令和3年度エネルギーに関する年次報告（エネルギー白書）』二〇二二年
河野圭祐「岡藤正広社長インタビュー 勝つための『商人』論」『洋泉社MOOK 伊藤忠 躍進の秘密』洋泉社、二〇一七年
柴田明夫「商社の新たなビジネスモデル」商社とニューフロンティアビジネス特別研究会編著『商社の新実像——新技術をビジネスにするその総合力』日刊工業新聞社、二〇〇四年、一三五〜一七七頁
堤正治・押野真也「稼ぐ商社 市場は冷ややか」『日本経済新聞』二〇一七年一一月三日
日本経済新聞「電気代、世界で上昇続く」二〇二二年六月八日
ポーター、M.E. and V. E. ミラー「情報をいかに競争優位につなげるか」（ポーター、M.E.（竹内弘高訳『競争戦略論I』ダイヤモンド社、一三一〜一七四頁）
Berkshire Hathaway "Berkshire Hathaway acquires 5% passive stakes in each of five leading Japanese trading companies" *News Release* 二〇二〇年八月三一日
Lewis, I. and J. Rogers「商社の格付手法」ムーディーズ・ジャパン、二〇一六年七月二一日

第四章

稲垣千駿・真海喬生「企業の『お値段』、取り残される日本 米トップ3社∨日本全上場企業」『朝日新聞デジタル』二〇二二年一月一〇日

倉元大介「高齢化社会の課題にチャレンジ（医療・介護・健康）」日本貿易会（「日本の成長戦略と商社」特別研究会）『日本の成長戦略と商社――日本の未来は商社が拓く』東洋経済新報社、二〇一四年
グルンルース、C.（蒲生智哉訳）『サービス・ロジックによる現代マーケティング理論――消費プロセスにおける価値共創へのノルディック学派アプローチ』白桃書房、二〇一五年
ドラッカー、P.F.（上田惇生編訳）『マネジメント［エッセンシャル版］――基本と原則』ダイヤモンド社、二〇〇一年
日本経済新聞「データで見る日経平均 30年半ぶり3万円台」電子版、二〇二一年二月一六日更新
山倉健嗣『組織間関係――企業間ネットワークの変革に向けて』有斐閣、一九九三年
三菱商事「上海で医療材料流通会社を設立」二〇一三年一一月一四日、プレスルーム
村松潤一編著『価値共創とマーケティング論』同文舘出版、二〇一五年
ラッシュ、R.F. and S.L.バーゴ（井上崇通監訳、庄司真人・田口尚史訳）『サービス・ドミナント・ロジックの発想と応用』同文舘出版、二〇一六年

第五章

梶原誠「露呈した市場のだまし絵」『日本経済新聞』二〇二二年五月一二日
厚生労働省「令和3年（2021）人口動態統計月報年計（概数）の概況」二〇二二年六月三日発表
国立社会保障・人口問題研究所「日本の将来推計人口（平成29年推計）」二〇一七年七月三一日
総務省統計局「人口推計――2022年（令和4年）一〇月報」
日本経済新聞「一人当たりGDP19位、日本、OECD38ヵ国中」二〇二一年一二月二五日

日本経済新聞「日本のベンチャー投資額 米の100分の1」二〇二一年五月七日
八木大介『三菱商事を変革した男・藤野忠次郎』ダイヤモンド社、一九八七年
矢野康治「財務次官、モノ申す『このままでは国家財政は破綻する』」『文藝春秋』第九九巻第一一号、二〇二一年
フォルーハー、R.A.「FINANCIAL TIMES 世界経済秩序の刷新を」『日本経済新聞』二〇二一年四月二一日
EF Education First "EF English Proficiency Index: A Ranking of 112 Countries and Regions by English Skills 2021"

終章

飯島彰己「三井物産会長 総合商社を『創造』商社に」『文藝春秋』第九九巻第二号、二〇二一年
大坪清「私の履歴書 大坪清⑥配属」『日本経済新聞』二〇二〇年三月六日
日本経済新聞「マスク氏、日本、いずれ存在しなくなる」二〇二二年五月九日夕刊

参考ホームページ

《総合商社》

伊藤忠商事 https://www.itochu.co.jp/ja/
・「事業紹介 食料カンパニー」https://www.itochu.co.jp/ja/business/food/
・「海から世界を変えるITOCHUの挑戦。」https://www.itochu.co.jp/ja/corporatebranding/sdgs/frau_20210713.

html
住友商事　https://www.sumitomocorp.com/ja/jp/
・「住友の歴史から 住友商事の誕生と成長」https://www.sumitomocorp.com/ja/jp/about/company/sc-history/history/
・「住友の事業精神」https://www.sumitomocorp.com/ja/jp/about/policy/principles
双日　https://www.sojitz.com/jp/
・「２０２２年度新入社員向け社長挨拶」https://www.sojitz.com/jp/news/2022/04/20220401.php
・「[戦略②] 挑戦を促す 双日プロフェッショナルシェア（二〇二一年三月設立）」https://www.sojitz.com/jp/csr/employee/challenge/
豊田通商　https://www.toyota-tsusho.com/
・「社長ごあいさつ」https://www.toyota-tsusho.com/company/message.html
・「長崎県五島列島で医療用医薬品のドローン配送事業を開始～離島間の長距離定期物流網の構築による社会課題解決への貢献を目指す～」https://www.toyota-tsusho.com/press/detail/220421_005874.html
丸紅　https://www.marubeni.com/jp/
・「経営理念」https://www.marubeni.com/jp/company/policy/
三井物産　https://www.mitsui.com/jp/ja/
・「旧三井物産の礎を築いた事業」https://www.mitsui.com/jp/ja/roots/1209857_7248.html
・「事業本部紹介 ウェルネス事業本部」https://www.mitsui.com/jp/ja/company/business/units/wl/
三菱商事　https://www.mitsubishicorp.com/jp/ja/

・「企業理念」https://www.mitsubishicorp.com/jp/ja/about/philosophy/
・「天然ガスグループ　プロジェクト事例　ブルネイＬＮＧプロジェクト」https://www.mitsubishicorp.com/jp/ja/bg/natural-gas-group/project/brunei-lng/
・「あゆみ　一九五四年～　第7話　新規分野への積極的な進出　～ブルネイＬＮＧプロジェクトなど、海外への投資を本格化」https://www.mitsubishicorp.com/jp/ja/mclibrary/roots/1954/vol07/
・「三菱商事の人材マネジメント」https://www.mitsubishicorp.com/jp/ja/about/resource/training.html

《企業グループ、関係する企業・組織など》

エム・シー・ヘルスケア
・「医療材料の物品管理（ＳＰＤ）」https://mc-healthcare.co.jp/business/

日本貿易会
・「商社の機能」https://www.jftc.or.jp/shosha/function/

三井広報委員会
・「三井の歴史［江戸期］越後屋誕生と高利の新商法」（執筆・監修：三友新聞社）https://www.mitsuipr.com/history/edo/02/

三越伊勢丹ホールディングス
・「三越のあゆみ」https://www.imhds.co.jp/ja/business/history/history_mitsukoshi.html

三菱グループ
・「根本理念『三綱領』」https://www.mitsubishi.com/ja/profile/group/principle/

メルカリ

- 「Mission」 https://about.mercari.com/about/about-us/

た国際目標である。17のゴール・169のターゲットからなる。

SSAP　ソニーが提供する Sony Startup Acceleration Program である。社内外の新規事業やスタートアップの課題解決、新たな企業間連携スキームの構築を含む Open Innovation を促進するために作られた。

TOB　Take Over Bid の省略形である。株式公開買付け。不特定・多数の株主に対して買付価格や期間などを決めて、保有する株式などを売ってくれるように依頼し、取引所外でそれらを買い付けることである。

ナートを建設する、日本とイランの共同事業であった。IJPCはイラン法人 Iran-Japan Petrochemical Co. Ltd. の略称。三井物産を中心とする三井系の化学会社などが出資するイラン化学開発が50%、イランの国営石油化学が50%を保有していた。イラン革命（1979年）に続くイラン・イラク戦争（1980～88年）によって、85%完成していた施設に大きな損害を受けた。日本側はナショナル・プロジェクトの体制を組んでいたが、1989年にプロジェクトは解消され三井物産などは巨額の損失を計上した。

IPP　独立系発電事業者（Independent Power Producer）を意味する。総合商社が発電設備を所有して電力を作り出し、現地企業などに販売する事業である。

LNG　Liquefied Natural Gas（液化天然ガス）は、天然ガスを冷却し液化させたもの。液化すると体積が約600分の１になるため、専用のタンカーなどで輸送して、大量に貯蔵することが可能である。日本の LNG の大半は海外から輸入されている。石炭や石油に比べると、燃焼時の CO_2（二酸化炭素）や NOx（窒素酸化物）の発生量が少ない上に、SOx（硫黄酸化物）とばいじんが発生しないため、環境負荷の低いエネルギーである。

M1　マネーストック統計において狭義のマネーを表す。現金通貨と預金通貨（当座預金・普通預金など）の合計。定期預金や外貨預金などを含まない流動性の高い通貨の指標である。

PBR　Price Book-value Ratio の略称、株価純資産倍率と呼ぶ。企業について市場が評価した価値（株価にもとづく時価総額）が、会計上の純資産（株主資本）の何倍であるかを表す指標である。株価を１株当たり純資産で割って求める。

SDGs　持続可能な開発目標（Sustainable Development Goals）。2015年の国連サミットにおいて、加盟国の全会一致で採択された「持続可能な開発のための2030アジェンダ」に記載され

体決算という。

ロッキード事件　アメリカのロッキード（現在のロッキード・マーチン）の日本に対する航空機売り込みに関連する、戦後最大の汚職事件。全日本空輸（全日空）に対する大型旅客機の売り込みと、防衛庁（現・防衛省）の次期主力戦闘機などの採用のために、ロッキードは代理店・丸紅と全日空を通じて総額30億円を超える多額の工作資金を贈賄した。結果的に、総理大臣を務めた田中角栄などが逮捕された。

悪い円安　円安によって原材料価格が上昇しても、企業がそれを価格転嫁できず収益が悪化すると、賃金上昇の伸びが小さくなる。同時に、物価上昇によって実質賃金が下落して、消費に悪影響を及ぼす可能性がある。そういう状況を説明する言葉。

◆英語（アルファベット順）

B2B と B2C　B2B は、ビジネス・ツー・ビジネスの意味で、企業向けの商品・サービスの取引。これに対して、消費者向けの商品・サービスの取引は、B2C つまりビジネス・ツー・コンシューマー（消費者）と呼ばれる。

ESG　環境（Environment）、社会（Social）、ガバナンス（Governance）の頭文字を合わせた言葉である。企業が長期的に成長するためには、経営においてこの3つの観点が重要であるとする。

FRB　Federal Reserve Board の略称。連邦準備制度理事会と呼ばれる。アメリカの中央銀行制度である FRS（Federal Reserve System、連邦準備制度）の最高意思決定機関である。

GAFAM　IT 産業をリードしてきた5社、つまり Google（企業名は Alphabet）、Amazon、Facebook（企業名通称は Meta）、Apple そして Microsoft の頭文字を取った呼び方である。

IJPC プロジェクト　ペルシャ湾沿岸に大規模な石油化学コンビ

修正し損益を計上する方法が持分法である。親会社の議決権比率が20%以上50%以下の非連結子会社や関連会社が、原則的に持分法適用会社となる。計上される投資会社に帰属する分の損益が、持分法（による）投資損益である。

有価証券損益　売買目的で保有している有価証券について、帳簿価額と時価による評価との差額を処理したり、売却したりする際に計上される、利益あるいは損失である。

有価証券投資　国債・地方債・社債などの債券や株式、さらに投資信託の受益証券などの有価証券に対する投資である。

横浜正金銀行　1880年（明治13）に外国貿易における日本の不利益を軽減するために、現金（正金）で貿易決済を行うことを主な業務として開設された銀行。貿易金融専門の銀行として発展したが、戦後解体された。業務は東京銀行（現在の三菱UFJ銀行）に受け継がれている。

与信（機能・リスク）　商取引において与信（機能）とは、取引先から販売時点で代金を回収せず、時間をおいて回収すること、つまり信用を与えること。この取引を行うと、将来、代金を現金で回収できるかどうかは確実ではなく、不確実性があることになる。この不確実性を表現する言葉が、与信リスクである。

リーンな経営　リーン（lean）つまり無駄のない経営。プロセス管理の徹底により、ムリ・ムダなく最適な活動を行い、最小限の経営資源で最大限の価値を提供することを目指す。

レピュテーションリスク　企業やブランドに対して、悪い評判（レピュテーション）が広まるリスクのこと。

連結決算　親会社だけでなく、国内・海外の子会社や関連会社を含めた企業グループ全体の決算方法のこと。総合商社各社は、1977年（昭和52）度から連結決算を発表していたが、わが国で連結決算が制度的に中心になったのは1999年（平成11）度からのことである。親会社のみの決算方法を個別決算または単

の利益水準や資産価値などから判断して割安であると考えられる時、その銘柄を買い付ける。

ファンドトラスト　「ファントラ」と呼ばれる。トッキンと同様に、企業が大口の資金を信託銀行に預けて、主として株式などの有価証券に投資し運用する目的の商品である。資金を預ける企業が、株式や債券など運用の範囲や方針を決めて、その範囲で信託銀行が投資判断の裁量を持って運用を行う。運用終了時に有価証券を売却せず、株式や債券などを現状のまま企業に交付する。

プラザ合意　1985年（昭和60）９月、ニューヨークのプラザホテルで開かれ、Ｇ５（アメリカ、イギリス、西ドイツ、フランスと日本、５つの先進国）の大蔵大臣（アメリカは財務長官）と中央銀行総裁が合意した、ドル高是正のための為替レートの安定化策。当時のドル高で、アメリカは輸出減少と輸入拡大による大幅な貿易赤字に苦しみ、輸出競争力を高める必要があった。

プロジェクトファイナンス　プロジェクトから得られるキャッシュフローを返済の原資として実施される融資。プロジェクトを担当する組織を設立し、その組織が銀行から融資を受ける。発電所、空港、鉄道などといったインフラストラクチャーを建設する場合などに用いられる手法である。

見込み商売（売り越し・買い越し）　見込みにもとづいて、まだ商品を購買していないのに、それを販売する契約を結ぶこと（売り越し）や、その逆に、販売先が決まっていないのに商品を購買すること（買い越し）。

ミドル・マネジメント　一般に中間管理職と呼ばれる役職者や彼らのグループを指す言葉である。

持分法（適用会社・投資損益）　投資会社が、被投資会社の純資産のうち自社に帰属する部分に応じて、投資額を連結決算日にり、ニクソン・ショックとも呼ばれる。

日本標準産業分類　日本における標準的な産業分類として用いられている、公的な統計における産業分類を定めた総務省告示である。農業、林業、製造業、卸売業、小売業、金融業、保険業などの名称で、産業を分類している。

日本郵船　1885年（明治18）に、郵便汽船三菱会社と共同運輸会社の合併により設立された、当時の日本を代表する海運企業であった。現代においても、わが国最大の海運企業として活躍している。

ニュートリション　栄養、さらに、栄養物の摂取、栄養作用などの意味を持つ言葉。

のれん　事業の譲受や合併などによって有償で取得した企業や事業の取得原価が、取得した企業や事業の時価評価純資産との間に生じた差額である。無形固定資産に計上されて長期にわたり償却（費用として計上）する。

パラダイムシフト　パラダイムとは、その時に支配的である物の見方や価値観。それが劇的に変化することを表す言葉が、パラダイムシフトである。

バリューチェーン　本来のバリューチェーンの定義は、「企業の活動を、ビジネスを進めるうえで技術的・経済的な意味で区分できる複数の活動に分割」（ポーター and ミラー［1999］135頁）したものであり、企業内における「価値連鎖」としてとらえられている。しかし、現在多くの実務家・研究者がこの言葉を総合商社について用いる場合は、自社組織内外で多様な活動を営んでいる総合商社であることを前提として、いわゆる「サプライチェーン」と同じような意味を持って用いられている。本書では、総合商社の活動について、サプライチェーンとほぼ同義の用語として、バリューチェーンを用いる。

バリュー投資　投資における運用手法の一つ。株価が、その企業初めてのマイナス成長となった。

デマンドチェーン・マネジメント（DCM） 消費者のいる流通の川下から、メーカーが位置する川上にさかのぼる情報の流れを管理すること。消費者の特性を認識し、店舗における販売数量の決定や需要の喚起を目指して、プロセス全体を管理する。

当期純利益 一つの会計期間（通常は1年間）に会社が活動した結果の全収益からすべての費用・法人税などを差し引いた後の利益。連結決算の場合が、連結当期純利益であり、子会社の非支配株主持分（親会社の持分以外のもの）を除いた親会社の所有者に帰属するものを見る。

統合報告書 財務情報（売上や利益、資産など）と非財務情報（経営理念やビジョン、戦略やビジネスモデル、人材、ガバナンス、CSR・SDGs への取り組みなど）を取りまとめた報告書。アニュアルレポートとも呼ばれる。

特定金銭信託 「トッキン」とも呼ばれた、企業が大口の資金を信託銀行に預けて、主として株式などの有価証券に投資し運用する目的の商品である。運用は、その企業または委任を受けた投資顧問会社が、信託銀行に対して個別具体的に指図する。企業が投資判断の裁量を持ったまま行う運用である。運用終了時に有価証券を売却して、金銭を企業に交付する。

取扱高 総合商社の取扱高とは、自己勘定取引の売上高と他人勘定取引（代理人としての取引）の売買金額を合わせたもの。以前総合商社が公開していた売上高は、この意味の取扱高であった。

ドルショック 1971年（昭和46）にアメリカが、それまでの固定比率（1オンス＝35ドル）による米ドル紙幣と金の兌換《だかん》を停止したことによる、世界経済の枠組みの大幅な変化を指す。1ドル360円の固定相場制から変動相場制に移行し、円高が進んだ。当時のアメリカ大統領がこの政策転換を発表したことによ権的地位。法律的な契約という形を採っているかどうかによらず、ビジネス上の権利とみなされている。

商社金融　総合商社が調達先のメーカーに、早く代金の支払いを行い（立て替え払い）、販売先（主として中小の専門商社やメーカー）にそれより遅く支払うことを許容する与信の仕組みである。総合商社が支払期日の差分の金利を負担する。販売先の資金繰りを助ける働きがある。

スタグフレーション　景気停滞を意味する「スタグネーション（Stagnation）」と「インフレーション（Inflation）」を組み合わせた合成語で、景気が後退していくなかでインフレーション（インフレ、物価上昇）が同時進行する現象を意味する。

スポット（市場）　スポット（spot）は現物や現場などの意味で、先物市場に対して契約と同時に現物の受渡しをする市場のこと。

潜在成長率　中長期的に持続可能な経済成長率。生産活動に必要な全要素（労働、土地、資本、企業者能力、原材料など）を使った場合、供給能力をどれだけ増大させられるかを示す指標である。

その他の包括利益（損益）　国際会計基準においては、連結子会社・持分法適用会社以外の投資先について、株式や土地の含み損益など簿価の変動を、損益計算書に計上して当期純利益の算出に含める方法か、それとは別にその他の包括利益（損益）に含める方法によって処理する。包括利益（特定期間の財務諸表において認識された純資産の変動額）は、当期純利益（純損失）とその他の包括利益（損益）の合計額である。

第一次オイルショック　1973年（昭和48）、中東の産油国が原油価格を70%引き上げたことを受けて、狂乱物価といわれるようなインフレが発生した。石油の需給逼迫と価格値上げに伴い、世界全体で経済的なショックが起こった。石油ショックとも呼ばれる。引き締め政策がとられた結果、74年にはわが国で戦後余剰資金や低利で調達した資金を株式・債券・不動産などに投資して、運用を多様化・効率化するための方法である。

サハリンⅠ・Ⅱ　ロシアのサハリン島で進められてきた大規模な石油・天然ガスのプロジェクト。わが国に地理的に近く供給源の多角化に資するものである。サハリンⅠには、アメリカのエクソンモービル（30%）のほか、日本政府が50%を出資するSODECO（サハリン石油ガス開発）も30%出資し、SODECOに伊藤忠商事と丸紅が出資している。サハリンⅡは、ロシア初のLNGプロジェクトを含んでおり、同国のガスプロムが過半を出資するほか、イギリスのシェル（27.5%−1株）、三井物産（12.5%）、三菱商事（10.0%）が出資していた。ロシアのウクライナ侵攻にともない、エクソンモービルとシェルは撤退を表明し動きを進めている。日本の電力・ガス産業にとって重要性がきわめて高く、安価で長期的な供給源であることから、政府は撤退しない方針である。サハリンⅡは、ロシアが設立した新運営会社に三井物産と三菱商事がこれまでと同じ出資比率で権益を維持することを決定している。サハリンⅠもロシアが新運営会社を設立しており、政府は参画を決定している。

サプライチェーン　複数の企業間での、調達から生産、流通を経て消費者に至るまでの活動の連鎖を意味する。

事務代行　総合商社の契約形態のうち、他社の依頼を受けて、与信リスク程度しかリスクを取らず、単に商品を売買して手数料（口銭）を得る形のもの。他人勘定取引である。

商権　総合商社などのなんらかの貢献に対して与えられる、商品・サービスを長期にわたって優先的にあるいは一手に営業し販売する権利である。独占的営利機会のうち、組織と一体化された形で取引関係が存在しているものである。企業間関係に基づいて、市場創造、技術導入、原料調達などに関して、何らかの事前投資が評価された時にその見返りとして与えられる、特株主が受け取る資産である。

借越契約　当座借越契約とも呼ぶ。あらかじめ契約した限度額（借越限度額）の範囲内で、銀行にある当座預金残高が不足しても自動的に融資が実行されるため、当座預金残高を超えた小切手の振出しが認められる形の金融取引。

軍票　戦争の時、主として占領地で軍の作戦行動に必要な物資や労力、軍人・軍属の給与などの支払いにあてるため、政府または軍が発行する特殊通貨のこと。

合計特殊出生率　15～49歳までの女性の年齢別出生率を合計したもの。一人の女性が一生の間に産むと考えられる子供の数の平均値である。

口銭（コミッション）　商社が、他社の依頼を受けて商品・サービスを売買する場合に得る手数料を意味する。手数料なしで売買する時に、無口銭と表現する。本文で挙げた益田孝の時代には「コムミッション」と表記していた。

子会社・関連会社　連結決算で、親会社が議決権の50%超を保有して支配している会社が子会社。それ以外で、親会社が議決権の20%以上を所有しているなど、財務および営業または事業の方針の決定に対して重要な影響を与えることができる場合の、その影響を受けている会社が関連会社と呼ばれる。

コングロマリット（・ディスカウント）　ビジネス活動が相互に関連のない多数の異なった業種にまたがっている企業を意味する。多くの異なる事業を抱えて多角化している場合、企業価値が各事業の価値の合計よりも小さい状態のことを、コングロマリット・ディスカウントと呼ぶ。多角化は企業としての業績変動を減らす面もあるが、全体像や相乗効果が見えにくい場合に、市場からの評価が厳しくなるためである。

財テク　ハイテクノロジーの略語であるハイテクをもとに、財務テクノロジーの略語として作られた言葉。企業が本業以外に、

用語集

◆日本語（五十音順）

アークティック LNG2　ロシア北極圏での液化天然ガス（LNG）開発事業で、2023年ころからの LNG 生産開始を予定しており、日ロ経済協力の象徴的な案件とされている。ロシアの天然ガス大手企業ノバテクが60%を出資し、三井物産と石油天然ガス・金属鉱物資源機構（JOGMEC）が合わせて10%出資するほか、フランスのトタルエナジーズや中国企業も出資している。日本政府は撤退しない方針を表明している。

アクター　目的をもって行動するための能力を保持するエンティティつまり主体を意味する。

アジア通貨危機　1997年（平成９）のアジア各国の急激な通貨下落によって起こった経済的な危機。アメリカのヘッジファンドを主とした機関投資家による通貨の空売りが原因とされ、アジアの経済に大きな悪影響を及ぼした。

一反　着物（呉服）１着分の織物を意味する。着物に仕立てられる前の織物は、「反物《たんもの》」と呼ばれる。一般に、幅が36～38cm で長さは12m以上ある着物の生地である。

一手販売（する）権（利）　総合商社などが、企業が製造し販売する製品やサービスを、優先的にあるいは一手に引き受けて販売する権利（商権）を意味する。この販売権を得た総合商社などは、特約店や総代理店（Sole Agent）と呼ばれる。

大口融資規制　1974年（昭和49）の大蔵省通達により、普通銀行の場合、１債務者向け貸し出しは銀行の自己資本の20%を超えてはならない、とされた規制。現在の大口信用供与等規制である。

解散価値　会社が活動をやめて、つまり解散して、金融機関などに負債を返済して残った資産をすべて株主に分配する場合に、

【著者】
猿島弘士（さるしま ひろし）
1956年広島県生まれ。サービス・マーケティング研究家。博士（マネジメント）。総合商社勤務後、グローバル戦略コンサルティング・ファームなどでコンサルタントとして活躍。その後、10年間の大学教授としての勤務を経て、サービス・マーケティングの研究と企業へのアドバイスに専念している。

平凡社新書１０１９

総合商社とはなにか
最強のビジネス創造企業

発行日――2022年12月15日　初版第1刷

著者――猿島弘士
発行者――下中美都
発行所――株式会社平凡社
〒101-0051 東京都千代田区神田神保町3-29
電話 (03) 3230-6580［編集］
(03) 3230-6573［営業］
印刷・製本―株式会社東京印書館
DTP――株式会社平凡社地図出版
装幀――菊地信義

ISBN978-4-582-86019-1
平凡社ホームページ　https://www.heibonsha.co.jp/